실을 뽑아 휘감치는

하덴거 자수

HARDANGER EMBROIDERY

미소노 후타바 지음 | 황선영 옮김

이아소

들어가며

저와 하덴거 자수의 첫 만남은

우연히 들어간 그릇 판매점에 놓여 있던 티 냅킨이었습니다.

흰색 마 소재의 가는 올을 한 땀 한 땀 따라가며 만든

아름다운 무늬와 반복되는 기하학무늬에서 느껴지는

씨실과 날실의 색다른 반짝임, 또 스티치에 따라 달라지는

레이스 무늬의 섬세함에 완전히 매료된 순간을

지금도 기억하고 있습니다.

이 책은 노르웨이 하르당게르 지방의 민속 의상에 사용하는

전통 자수를 기반으로 했습니다. 여기에 현대 생활에 잘 어울리도록

디자인 요소를 가미해 응용한 작품이 대부분입니다.

보시는 분들의 마음을 사로잡아

바느질에 애정이 더해지면 좋겠습니다.

미소노 후타바

Contents

★ 외래어표기법에 따르면 'Hardanger'는 하르당게르 또는 하르당에르라고 쓰는 게 맞으나, 이미 하덴거 자수로 널리 쓰이고 있어서 이 책에서는 지명은 하르당게르, 자수는 하덴거로 표기하고 있습니다.

★ 이 책에 실린 작품을 복제해 상업적으로 판매하는 것을 금합니다. 손수 만들어 즐기는 것으로만 이용해주세요.

Hardanger
Embroidery

하덴거 자수는
노르웨이 하르당게르 지방에서 발전되어온 자수 기법이다.
새틴 스티치나 블랭킷 스티치를 계단 형태로 수놓아서
기하학무늬를 표현하고, 천의 올을 뽑아서 레이스 무늬를 만든다.

Norway

Hardanger   Oslo

하덴거 자수로 꾸미는 하루

CHAPTER

I

morning 5:00 ~ 10:30

편안한 마음으로 같은 힘을 주어 리듬감 있게 수놓아간다.
이것이 수를 가장 예쁘게 놓는 요령이다.
수를 잘못 놓더라도 당황하지 말자. 다시 되돌아가면 된다.
시간이 걸리더라도 리듬감이 쌓일 때까지 자수 기법을 익혀보자.

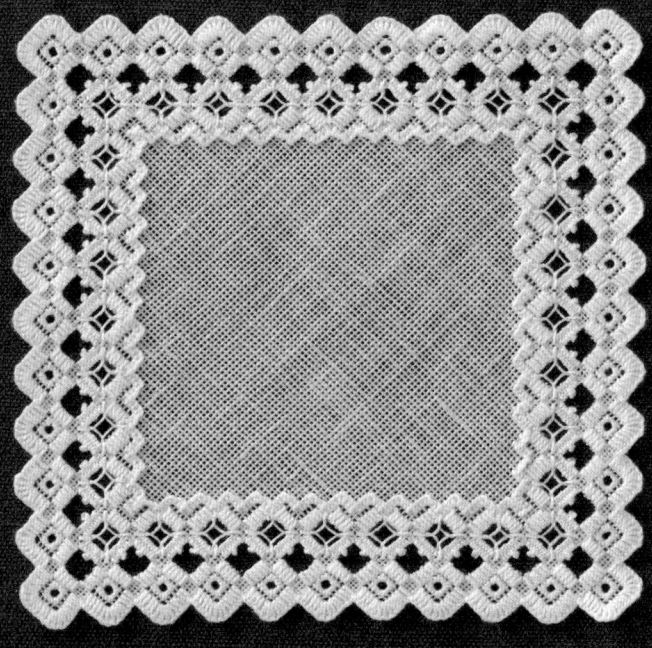

No.1 코스터

DESIGN > PATTERN BOOK A / p.1

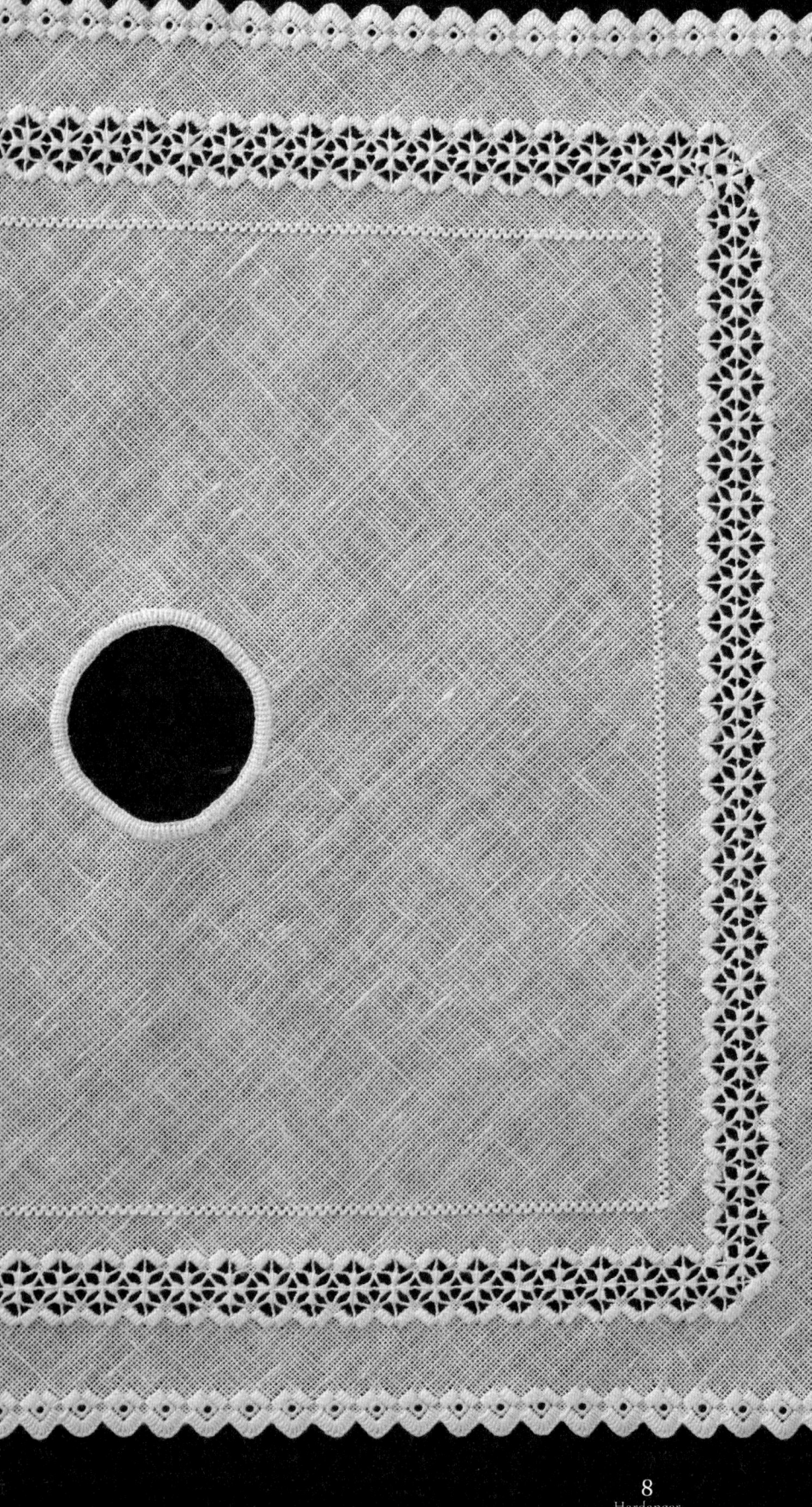

No.2 램프셰이드

DESIGN > PATTERN BOOK A / p.2

No.3 미니 매트

DESIGN > PATTERN BOOK A / p.5

No.4 도일리

DESIGN > PATTERN BOOK A / p.3

No.5 도일리

DESIGN > PATTERN BOOK A / p.4

No.6 런천 매트

DESIGN > PATTERN BOOK A / p.6

No.7

No.8

No.7 손수건 / No.8 티슈 케이스

DESIGN, HOW TO MAKE > p.76, 77

No.9 태피스트리

Design, How to make > p.78, 79

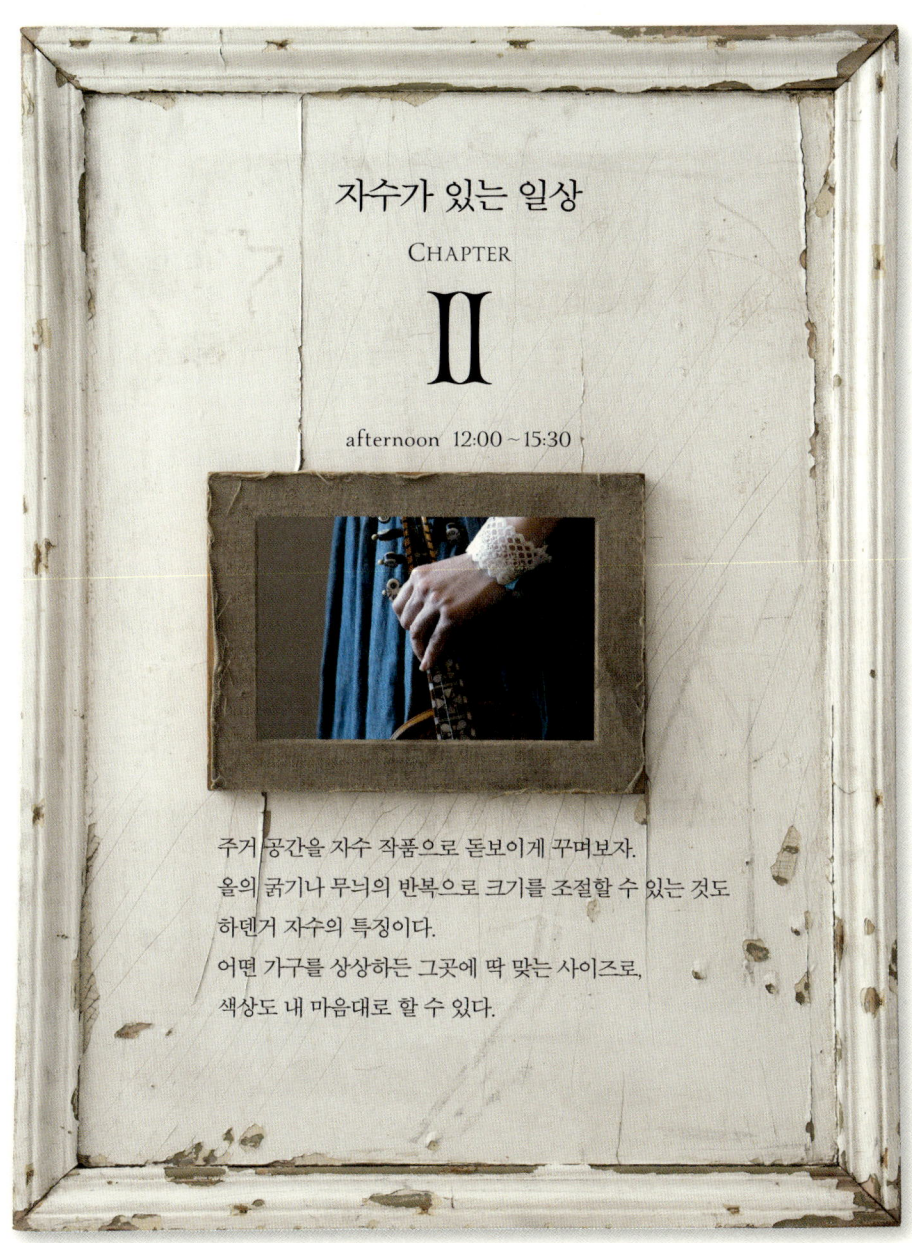

자수가 있는 일상

CHAPTER

II

afternoon 12:00 ~ 15:30

주거 공간을 자수 작품으로 돋보이게 꾸며보자.
올의 굵기나 무늬의 반복으로 크기를 조절할 수 있는 것도
하덴거 자수의 특징이다.
어떤 가구를 상상하든 그곳에 딱 맞는 사이즈로,
색상도 내 마음대로 할 수 있다.

No.10 미니 매트

Design > p.80

No.11 플레이스 매트

Design > p.81

No.12 클로스(왼쪽·소) / No.13 클로스(오른쪽·대)

Design > p.82, 83

No.14 커프 브레이슬릿

Design > p.84

No.15 테이블클로스

DESIGN > PATTERN BOOK A / p.7

No.16 테이블클로스

DESIGN >
PATTERN BOOK B / p.1

이 작품은 미국 노르딕 니들(Nordic Needle)사의 'Award-Winning Designs In Hardanger Embroidery 2004'에서 'First Place Design'으로 뽑힌 작품이다.

No.17 테이블클로스
DESIGN >
PATTERN BOOK B / p.2

No.18

No.19

No.18 티 코지 / No.19 티 매트

DESIGN. HOW TO MAKE > p.85-87

No.20 프레임(대)

DESIGN > p.88
HOW TO MAKE > p.90

No.21 프레임(소)

DESIGN > p.89
HOW TO MAKE > p.90

No.22 링 필로

DESIGN, HOW TO MAKE > p.94, 95

No.23 코스터(위)
No.24 도일리(아래)

Design > Pattern Book B / p.3

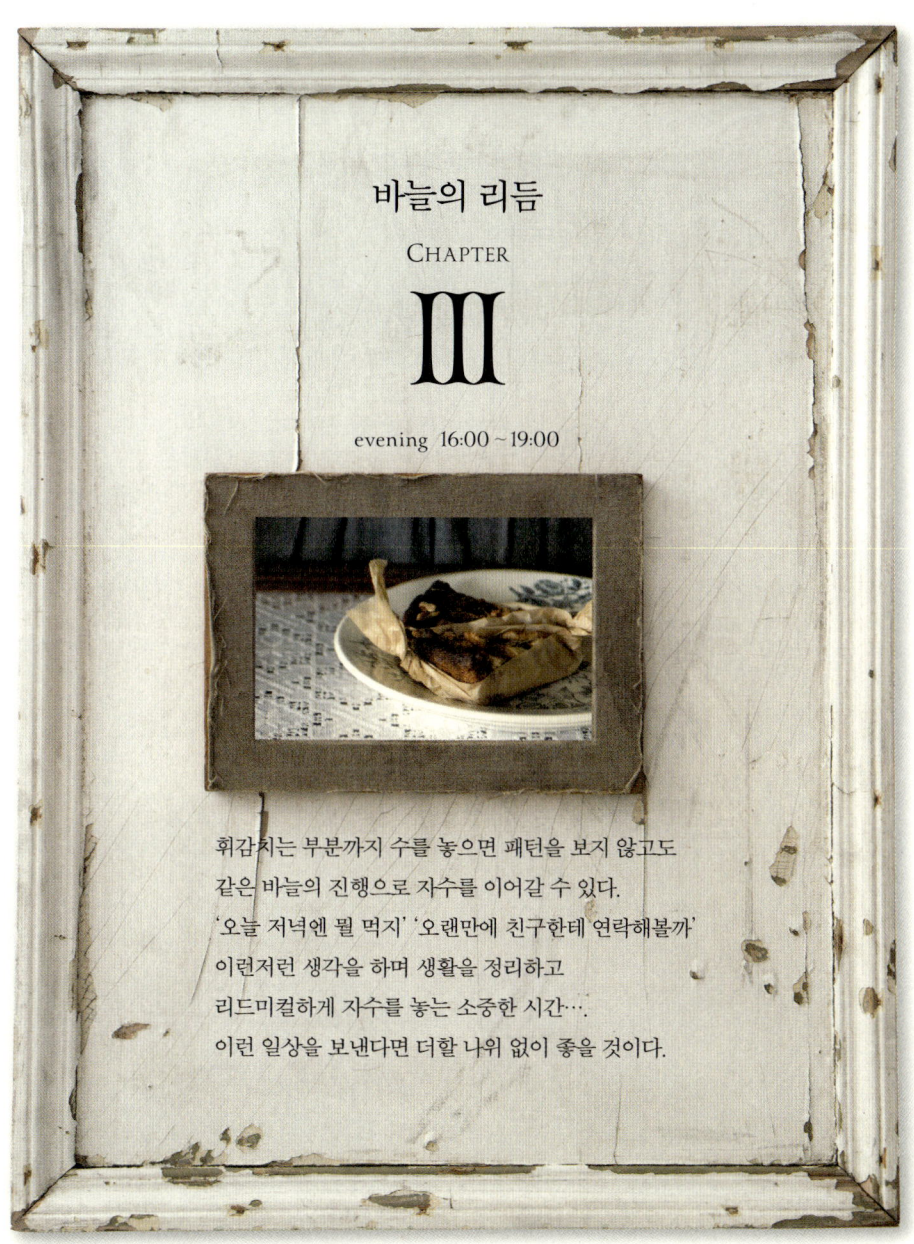

바늘의 리듬

CHAPTER

III

evening 16:00 ~ 19:00

휘감치는 부분까지 수를 놓으면 패턴을 보지 않고도
같은 바늘의 진행으로 자수를 이어갈 수 있다.
'오늘 저녁엔 뭘 먹지' '오랜만에 친구한테 연락해볼까'
이런저런 생각을 하며 생활을 정리하고
리드미컬하게 자수를 놓는 소중한 시간….
이런 일상을 보낸다면 더할 나위 없이 좋을 것이다.

No.25

No.26

No.26

No.25 소잉 박스 / No.26 소잉 세트

DESIGN, HOW TO MAKE > p.91-93

No.27 미니 매트

DESIGN > PATTERN BOOK B / p.4

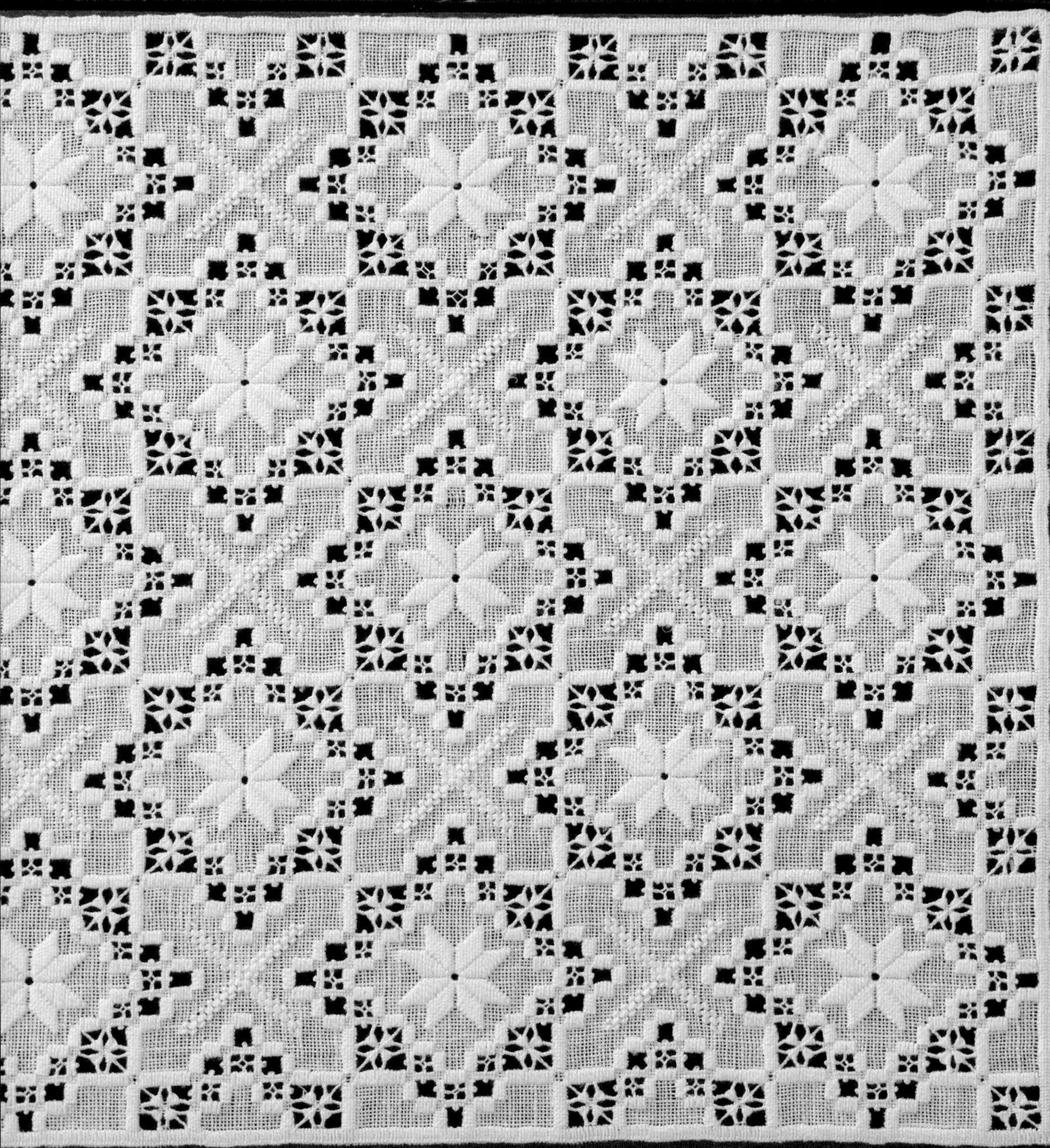

No.28 트레이

Design > Pattern Book B / p.5

CENTER DESIGN

이 작품은 미국 노르딕 니들사의 'Award-Winning Designs In Hardanger Embroidery 2007'에서 'First Place Design'으로 뽑힌 작품이다.

No.29 레이스 커튼

DESIGN > PATTERN BOOK B / p.6

이 작품은 미국 노르딕 니들사의 'Award-Winning Designs In
Hardanger Embroidery 2006'에서 'First Place Design'으로 뽑힌 작품이다.

노르웨이
하르당게르를
여행하고
'Hardanger' / Norway

하덴거 자수의 고향인 하르당게르는
7개의 주로 이루어진 지방이다.
7개 주의 하나인 '우트네'에는 이 지방에서
전해오는 민속 의상과 문화 자료를 전시하는
하르당게르 민속박물관이 있다.
하덴거 자수의 역사와 문화를 배우기 위해
여름의 끝자락에 박물관을 찾았다.

Photo Matt Goch/Destination Hardanger Fjord

하덴거 자수의 고향

하덴거 자수는 16세기 무렵 이탈리아에서 발달한 드론 워크 자수를 선교사와 상인들이 노르웨이로 전한 뒤, 하르당게르 지방 사람들의 손을 거치면서 완성한 자수 기법이다. 민족의상인 '부나'를 장식하는 자수로 발전했다.

노르웨이는 겨울이 길어 8월 말 무렵부터 완연한 가을 날씨. 기온 14℃의 잿빛 풍경에 차가운 공기가 감돌고, 피오르의 푸른 물과 더불어 그 주변의 붉은 집들이 인상적이었다. 또 해가 진 뒤 피오르 수변에 비치는 경사진 언덕의 집에서는 마치 별빛처럼 아름다운 불빛이 흘러나왔다.

Norway

Oslo

Hardanger

북유럽 노르웨이 서부에 자리한 하르당게르 지방은 겨울에도 눈이 쌓이는 일이 드물어 사과나 체리 과수원을 쉽게 만나볼 수 있는 온화한 풍토를 자랑한다. 하르당게르는 노르웨이에서도 남다른 문화를 꽃피워온 유서 깊은 곳이다.

Photo Silje Solvi

15세가 되면 일종의 예복처럼 준비하는 민족의상 부나에는 섬세한 자수가 들어간다. 주로 블라우스나 에이프런 같은 흰색 마 소재에 수를 놓는데, 의상이 돋보이는 데 크게 한몫을 한다.

Photo Dahle/Destination Hardanger Fjord

'Hardanger' / Norway

계승되어 내려오는 자수

노르웨이 남서부의 도시 베르겐에서 피오르를 따라 안쪽으로 들어가는 우트네. 이곳에서 신사르비크까지 페리를 타고 20분 정도 강을 건너면 완만한 언덕길에 하르당게르 민속박물관이 조용히 자리하고 있다. 우리는 늘 시침질한 중심을 기준으로 자수를 시작하는데 비해, 이 민속박물관의 워크숍에서는 "원하는 곳에서 시작하라"고 알려준다. 스티치 기법을 설명할 때도 정해진 규칙 없이 앞서 완성한 견본을 보면서 '수놓기 쉽게', 자수를 좋아하는 친구끼리 함께 즐기듯이 편안하고 유연하게 가르쳐준다.

현지에서는 이것이 할머니와 어머니, 딸에게 이어져오는 자수 기법이다. 춥고 긴 겨울, 여인들은 가족을 생각하면서 줄곧 수를 놓으며 지내왔을 것이다. 박물관 안에 전시된 부나의 옷깃이나 에이프런의 자수를 보면, 정말 그 섬세하고 아름다운 매력에 놀라움을 감출 수 없었다.

Photo Elizabeth Emmerhoff

하르당게르 지방 특유의 바이올린을 현지에서는 '하르딩펠레(Harding fele)'라고 부른다. 아름다운 진주조개 껍데기와 상감세공의 꽃무늬로 장식하고, 공명현을 울리는 애수 띤 감미로운 음색이 이채롭다. 신성한 악기로 다루어지는 이 바이올린은 주로 관혼상제와 같은 의식에 민족의상인 부나와 함께한다.

(에이프런의 자수 부분)

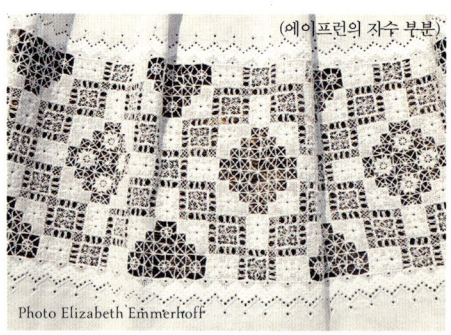

Photo Elizabeth Emmerhoff

1900년 파리 만국박람회에 출품해 수상한 에이프런으로, 브리타 스콜트베이트(Brita Skåltveit)가 만든 작품.(오른쪽 위) 현재는 하르당게르 민속박물관에 전시하고 있다. 17~19세기 후반까지 노르웨이에서는 오른쪽 사진과 같은 민족의상을 입는 것이 일반적이었다. 지금도 축제 의상으로 전해오고 있다.

Photo Anders P. Wallevik

촬영·사진 제공
일본 하르당게르 클럽 hardanger-club.or.jp
스와야마 음악학원 suwayamamusic.com

하르당게르 관광국 www.hardangerfjord.com
하르당게르 민속박물관 www.hardangerogvossmuseum.no

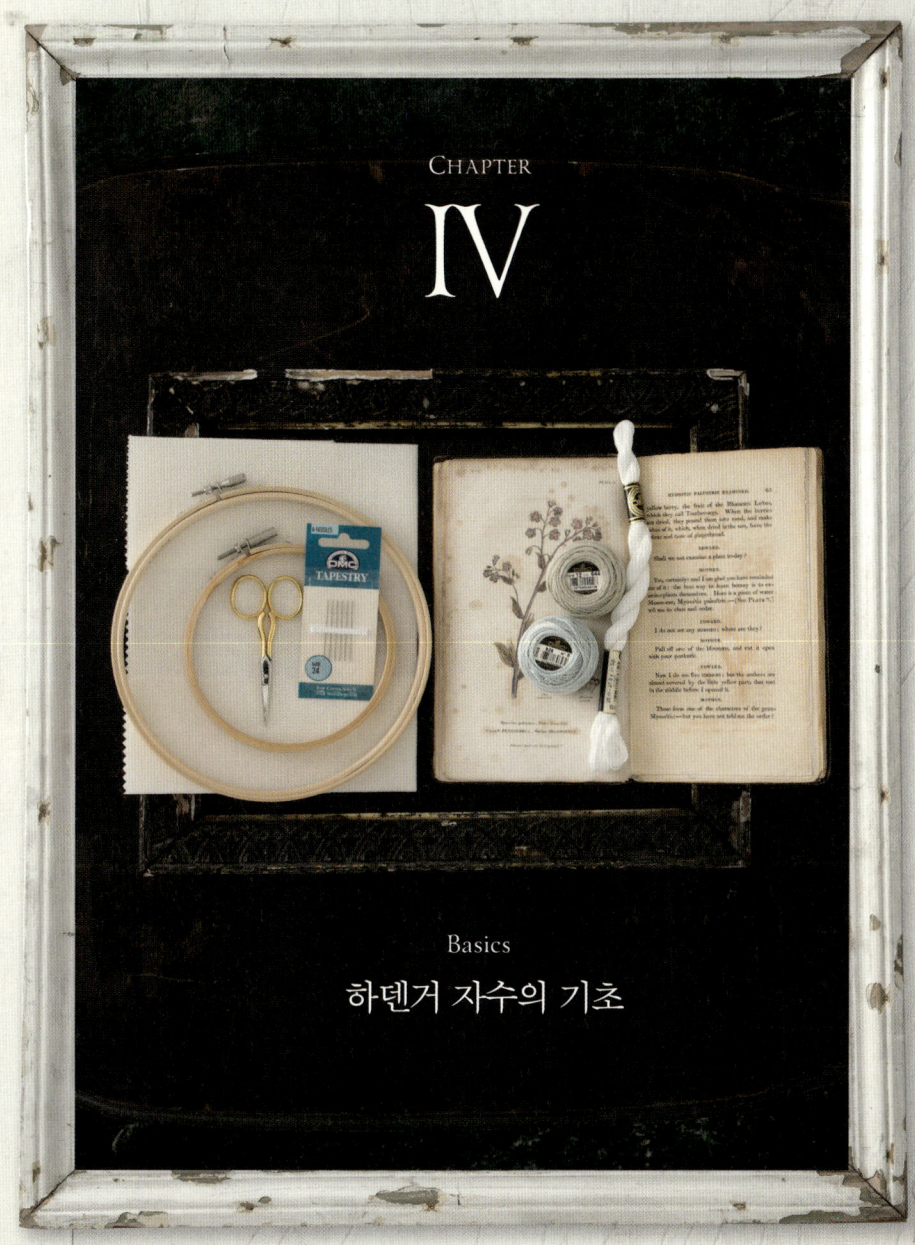

IV

Basics

하덴거 자수의 기초

이제 시작해볼까요?

어떤 식으로 완성할지 이미지를 그려보고, 우선 자수의 기준이 되는 시침질부터.

한 가닥 한 가닥 올을 정확히 세어 4올씩 주워간다.

이것이 작품 전체로 이어지기 때문에 아주 침착하고 세심하게 시작해보자.

〈천〉

이 책의 작품에는 주로 25·28·32ct(카운트)의 자수용 리넨을 사용했다.

자수를 시작하기 전에 올 방향대로 반듯이 다림질해 정돈한다.

하덴거 자수는 평직의 올을 셀 수 있는 천이면 어디에나 수를 놓을 수 있는데,

올이 성긴 정도에 따라 완성되는 사이즈가 달라지기 때문에 주의해 선택한다.

자수용으로 짠 천은 가로세로의 올이 정확하므로 자수가 비뚤어지지 않고 예쁘게 완성할 수 있다.

일본 DMC사의 자수용 천 이외에도 덴마크 페르민(Permin)사나

독일 츠바이가르트(Zweigart)사의 자수용 리넨을 주로 사용한다.

ct(카운트)란

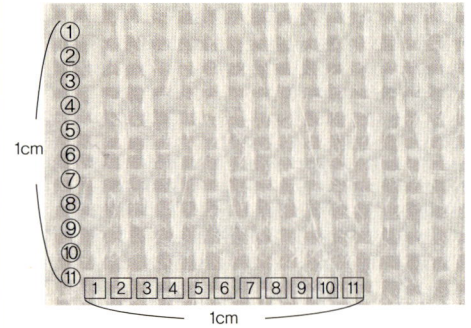

올이 성긴 정도의 단위로, 1인치에 들어가는 올 수를 나타낸다. 일본에서는 1cm 안에 들어가는 올 수를 함께 표기하기도 한다. 28ct=11올／1cm. 위의 사진처럼 가로세로 1cm 안에 11가닥의 올이 들어간다. 카운트의 숫자가 커질수록 올은 가늘어진다.

카운트와 올 수의 대응표

카운트 (ct/1인치)	올 수 (올/1cm)
25ct	10올
28ct	11올
32ct	12올

※제조사에 따라 사이즈가 달라질 수 있다.

※올이 성긴 정도에 따라 완성되는 사이즈가 달라진다.

지정된 천 28ct·완성 사이즈 10×10cm인 도안을,

25ct의 천에 수놓으면 완성 사이즈는 약 11×11cm,

32ct의 천에 수놓으면 완성 사이즈는 약 9.2×9.2cm.

완성 사이즈(10cm)×지정된 천의 올 수(28ct=11올)÷수놓을 천의 올 수(32ct=12올)=약 9.2cm

이같이 계산해 완성 사이즈를 어림짐작하고,

지정된 천과 성긴 정도가 다른 천을 사용할 경우는 필요한 치수만큼 준비하도록 한다.

올의 성긴 정도

실물 크기

32ct 28ct 25ct

카운트 숫자가 커질수록 올은 가늘어진다.

〈바늘〉

올을 가르지 않도록 끝이 둥근 바늘을 사용한다.

이 책의 작품에는 DMC 태피스트리 바늘 24호를 사용했다.

바늘(호수)은 숫자가 커질수록 가늘어진다.

올이 가는 천에 수놓을 경우는 좀 더 가는 바늘을 사용하도록 한다.

바늘 끝   바늘 구멍

실물 크기
(DMC 태피스트리 바늘 / 24호)

끝이 둥근 바늘을 사용한다.
크로스 스티치(십자수) 바늘,
태피스트리 바늘 같은 명칭으로 판매하고 있다.

자수실을 매끄럽게 끼울 수 있는
사이즈를 선택한다.

〈실〉

자수실

이 책의 작품에는 주로 DMC 8·12번 자수실을 사용했다. 실의 라벨에 쓰인 제조사명·실 번수(굵기)·색 번호와 지정된 재료가 맞는지 확인한다. DMC의 경우 실타래는 각각 10g. 1타래에 8번실=약 80m, 12번실=약 120m가 감겨 있다. 8·12번 자수실은 실타래에서 실을 빼내 50~60cm로 자르고, 그 상태로 바늘에 끼워 사용한다.

시침실

하덴거 자수에서는 4올 간격으로 시침질하고, 그 시침질을 기준으로 수놓는다. 자수실이나 올과 구별하기 쉽고 자수가 끝난 다음 깔끔하게 뽑아내도록 매끄러운 색실을 이용해 시침질한다. 양재용 시침실은 보풀이 생기기 쉬우므로, 재봉실을 사용하는 것이 좋다.

라벨 보는 법

색 번호 　제조사명 　번수(실의 굵기)

※제조사나 생산국에 따라 표기 순서가 달라질 수 있다.

3865　N° 8
210501
077540206216

번수　색 번호
Perlé 12 Col. 928

8번실

12번실

재료의 지정

제조사명　번수
DMC 8번 자수실
[흰색／3865]×1타래
색 번호

실의 번수가 커질수록 실 굵기는 가늘어진다. 이 책의 작품에서는 주로 가장자리의 새틴 스티치·블랭킷 스티치에 굵은 8번실을, 휘감치는 부분에는 가는 12번실을 사용했다.

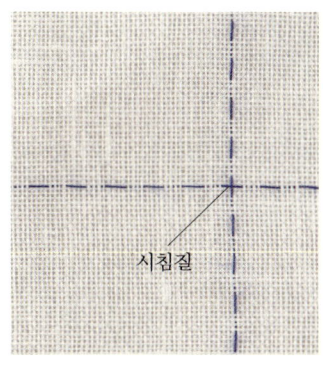

시침질

〈가위·자수틀〉

천을 준비할 때 사용하는 재단 가위와 자수용 실 자르는 가위가 필요하다.
실 자르는 가위는 올을 1가닥씩 자르기 좋게, 작고 끝이 예리해 잘 드는 날을 사용한다.
자수틀은 올을 자를 때와 휘감칠 때 사용한다. 긴 거리를 자를 경우는 지름 18cm, 휘감칠 때는 틀 중앙에 중지 안쪽 끝이 닿는 지름 12cm 정도의 틀이 편리하다.

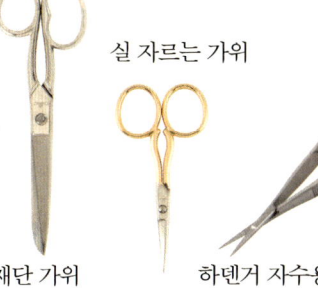

재단 가위　실 자르는 가위　하덴거 자수용 가위

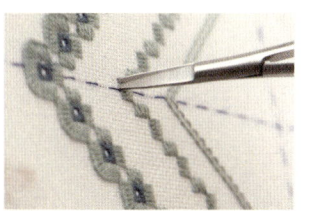

올에 가위 끝이 들어가는 사이즈의 실 자르는 가위를 사용한다. 하덴거 자수용으로 만든 가위도 있다.

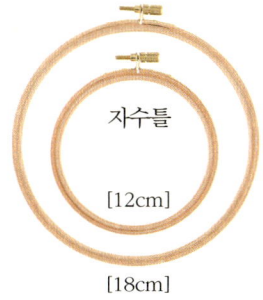

자수틀
[12cm]
[18cm]

〈 준비·완성에 필요한 도구 〉

· 올 풀림 방지액, 마스킹 테이프 등

수를 놓는 도중에 천 끝이 풀리지 않도록, 자수를 시작하기 전에 올 풀림 방지액이나 마스킹 테이프로 천 끝을 처리한다. 시침실로 휘감치는 것도 좋은 방법이다.

· 다리미, 스프레이 풀

자수가 끝난 작품의 오염이 신경 쓰인다면 깨끗하게 손세탁을 한다. 세탁 후엔 짜지 말고 타월 사이에 끼워 물기를 뺀 다음 그늘에서 말린다. 완전히 마르기 전에 뒤쪽에서 스팀다리미로 다려 모양을 정돈한다. 기호에 따라 스프레이 풀을 뒤쪽에 뿌려주면 작품을 빳빳하게 완성할 수 있다.

하덴거 자수의 작업 과정

※ st.= 스티치

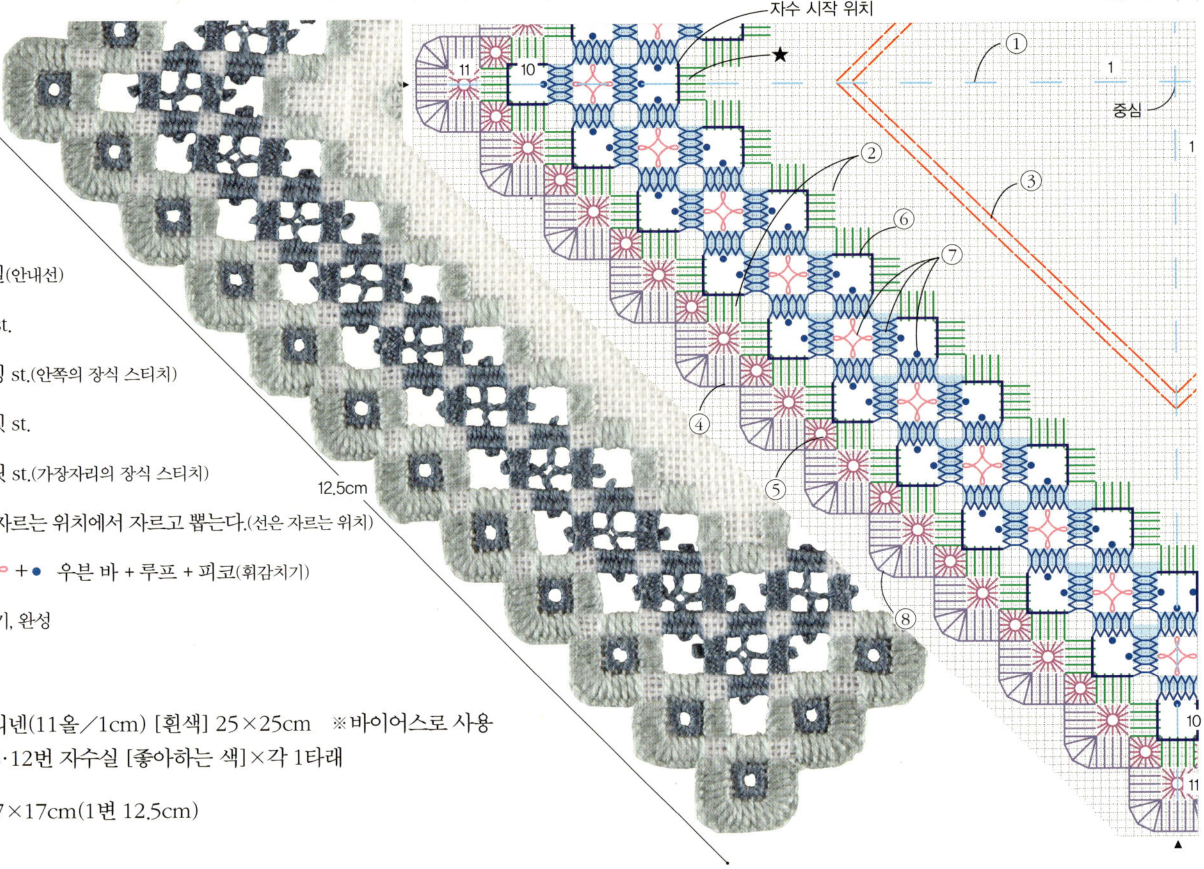

자수 시작 위치 ★

① ②③⑥⑦⑧④⑤

12.5cm

자수 순서

① ┼ 시침질(안내선)

② ||||| 새틴 st.

③ 〜 웨이빙 st.(안쪽의 장식 스티치)

④ |||| 블랭킷 st.

⑤ ✳ 아일릿 st.(가장자리의 장식 스티치)

⑥ ── 올을 자르는 위치에서 자르고 뽑는다.(선은 자르는 위치)

⑦ ✖ + ◇ + ● 우븐 바 + 루프 + 피코(휘감치기)

⑧ 가장자리 자르기, 완성

재료

자수 천…28ct 리넨(11올／1cm) [흰색] 25×25cm ※바이어스로 사용

자수실…DMC 8·12번 자수실 [좋아하는 색]×각 1타래

완성 사이즈…17×17cm(1변 12.5cm)

---

① 시침질(안내선)

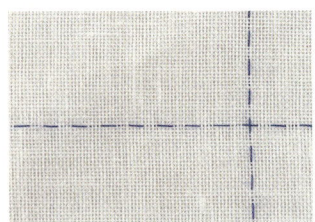

올을 4가닥씩 떠서 시침질한다. 매끄러운 색실을 이용하자. 이것이 모든 스티치의 안내선이 되기 때문에, 올 수가 잘못되지 않도록 주의한다.

② 새틴 st.

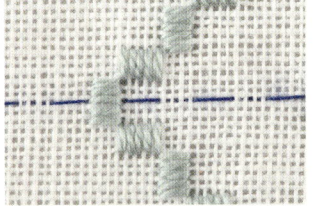

스티치 5가닥(올 4가닥)으로 1블록이 되는 새틴 st.는 다른 스티치의 기준이 된다. 시침질한 부분을 따라 올 수가 잘못되지 않게 수놓는다.

③ 웨이빙 st.(안쪽의 장식 스티치)

안쪽의 장식 스티치를 완성한다.

④ 블랭킷 st.

가장자리에 하는 스티치이다. 천이 조이지 않을 정도의 힘으로 수놓는다.

⑤ 아일릿 st.(가장자리의 장식 스티치)

새틴 st.와 블랭킷 st.로 테두리가 생기면 그 안에 장식 스티치를 수놓는다.

⑥ 올을 자르는 위치에서 자르고 뽑는다.

새틴 st.와 블랭킷 st.를 기준으로, 자르는 위치의 올을 실 자르는 가위로 자르고 올을 뽑는다.

⑦ 우븐 바·루프·피코(휘감치기)

실을 뽑은 곳을 휘감친다. 가는 12번실로 올이 꽉 붙을 정도의 힘으로 수놓는다.

⑧ 가장자리 자르기, 완성

블랭킷 st.를 따라 가장자리의 여분 천을 자르고, 다림질해 완성한다.

STEP 1 시침질(안내선)

도안의 중심에서 상하좌우로 올을 4가닥씩 떠서 시침질한다.
자수실이나 천의 색과 구별하기 쉽도록 색실을 사용한다.
자수가 끝나고 나서 뽑아내기 쉽게 매끄러운 재봉실을 사용하는 것이 좋다.

〈 자수를 시작하기 전에 〉

천은 올 방향대로 가볍게 다림질해 곧게 정돈한다. 천 끝이 풀리지 않도록 마스킹 테이프나 올 풀림 방지액, 휘감치기 등으로 테두리를 마무리한다.

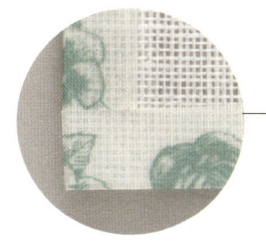

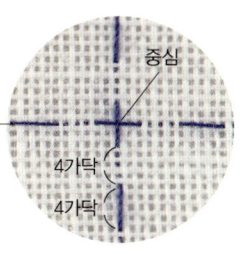

도안의 중심에서 상하좌우로 올을 4가닥씩 뜨고 완성 사이즈까지 시침질한다. 중심에는 +(기준점) 표시가 앞쪽으로 보이게 한다. 대부분의 작품이 중심을 기준점으로 시침질을 하는데, 도안에 따라서는 수놓기 쉽게 기준점 위치가 달라질 수 있다.

STEP 2 새틴 st.
※8번실

하덴거 자수의 기본이 되는 스티치이다.
스티치 5가닥으로 1블록이 되고, 블록마다 계단 형태로 수놓는다.
시침질과 어긋나면 어딘가가 잘못됐다는 뜻으로, 이럴 땐 당황하지 말고 올을 다시 세어 수정하면 된다.

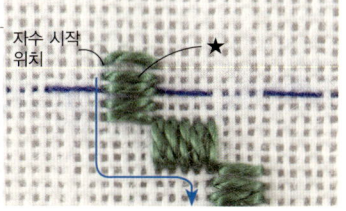

자수 시작

스티치로 가려지는 위치(★)에 한 땀을 되박음질해 실을 고정하고, 자수 시작 위치에서 스티치를 시작한다. 계단 형태로 수놓아간다.

1 시침질 수를 세어 자수 시작 위치를 확인한다. 스티치로 가려지는 위치(★)에서 바늘을 빼내 1올을 뜨고, 자수 시작 위치(1빼기)에서 바늘을 빼낸다. 뒤쪽에는 1cm 정도 실을 남기고, 스티치 뒤쪽으로 감춘다.

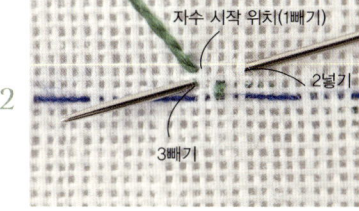

2 자수 시작 위치에서 올을 4가닥 세어 바늘을 넣고(2넣기), 자수 시작 위치의 1올 아래(3빼기)에서 바늘을 빼낸다.

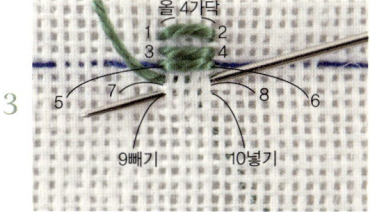

3 2를 반복하고, 스티치를 5가닥 수놓는다. 올이 붙지 않을 정도의 힘으로 수놓는다.

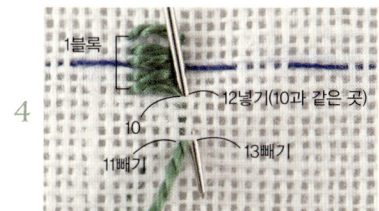

4 스티치 5가닥이면 1블록이 된다. 블록 끝까지 다 수놓으면 뒤쪽 실을 수직으로 걸치도록 바늘을 옮기고 다음 블록을 수놓는다. 실제로 수를 놓을 때는 천을 90° 회전해 다시 잡고, 항상 바늘 끝이 왼쪽 방향으로 나오게 한다.

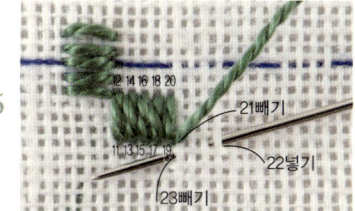

5 뒤쪽 실을 비스듬하지 않게 수직으로 걸치도록 하여 다음 블록으로 바늘을 진행한다.

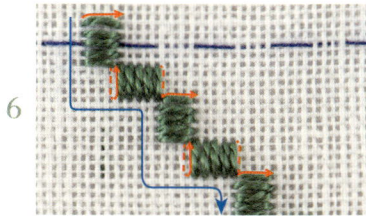

6 4~5를 반복하고, 도안대로 수놓는다.

자수 마지막

7 자수가 끝나면 스티치의 뒤쪽 실에 왕복으로 통과시키고 실을 마무리한다. 자수실을 가르지 않고 블록의 뒤쪽 실에 통과시키면서, 도중에 올을 1가닥 뜬다.

8 돌아올 때는 스티치의 뒤쪽 실을 1가닥 걸러 가르며 통과시키고, 스티치 옆으로 실을 바짝 자른다.

STEP 3 웨이빙 st.
(안쪽의 장식 스티치)
※8번실

안쪽의 장식 스티치를 한다. 특히 웨이빙 st.나 아주르 자수의 기법처럼
실을 당겨서 무늬를 만드는 스티치는 올을 자르기 전에 끝낸다.

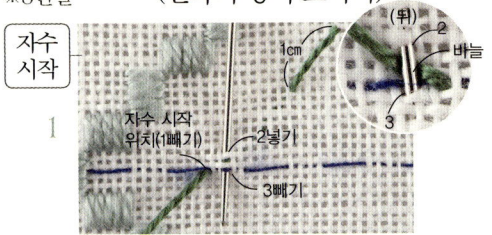

스티치가 지나는 길 위에 바늘을 넣고, 앞쪽에 1cm 정도
실을 남기고 자수 시작 위치(1빼기)에서 바늘을 빼낸다. 2
넣기~3빼기의 순으로 바늘을 옮긴다. 이때 자수 시작할 때
남긴 실을 스티치의 뒤쪽 실로 누르듯이 수놓는다.

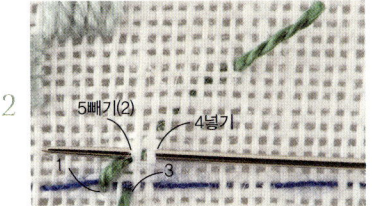

이어서 4넣기~5빼기의 순으로 바늘을 옮
긴다. 이때도 스티치의 뒤쪽 실로 자수 시
작할 때 남긴 실을 누르듯이 수놓는다.

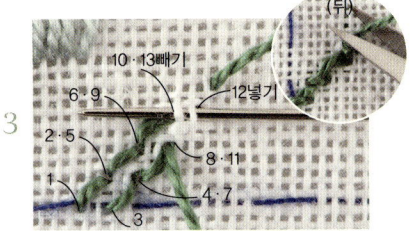

1~2를 반복하고, 앞쪽에 남긴 실 가까이까지 스티
치를 수놓아간다. 앞쪽에 남긴 실을 뒤로 빼내고,
실을 바짝 자른다.

이어서 오른쪽 위로 수놓아가다, 모서리까
지 수놓으면 ☆ 위치에서 바늘을 밑으로
빼낸다.

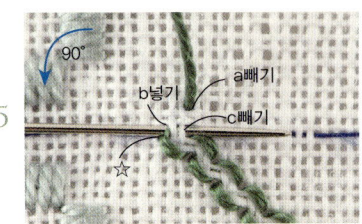

천을 90° 회전해 a빼기~c빼기의 순으로 바
늘을 옮기고 다음 변을 수놓기 시작한다.

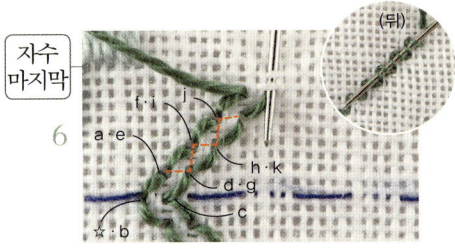

2와 같은 방법으로 다음 스티치(d~f)를 수놓고, 이어서
1~2를 반복해 다음 모서리까지 수놓아간다. 모서리까지 수
놓으면 천을 90° 회전해 4~6을 반복한다. 자수가 끝나면
실을 스티치의 뒤쪽 실에 통과시키고 실을 자른다.

STEP 4 블랭킷 st.
※8번실

테두리가 되는 스티치이다. 새틴 st.와 마찬가지로 5가닥의 스티치로 1블록이 된다.
새틴 st.나 시침질과 어긋나지 않도록 주의하며 수놓아간다. 올이 붙지 않을 정도의 힘으로 수놓는다.

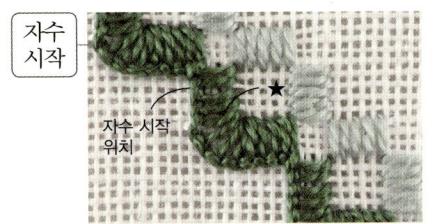

이음매가 보이지 않도록 하기 위해, 블록
의 중간부터 수놓기 시작한다. 스티치로
가려지는 위치(★)에 한 땀을 되박음질해
실을 고정하고 수놓기 시작한다.

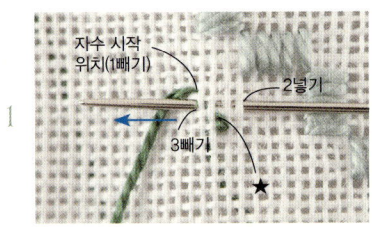

새틴 st., 시침질을 참고로 자수 시작 위치를 확인한다. 새틴 st.와 같이
스티치로 가려지는 위치에 한 땀을 되박음질하고 자수 시작 위치에서 바
늘을 빼낸다. 뒤에는 1cm 정도 실을 남겨두고, 스티치의 뒤쪽 실로 감춘
다. 2넣기~3빼기의 순으로 바늘을 옮기고, 자수실 위로 실을 당긴다.

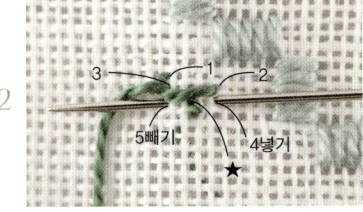

이어서 4넣기~5빼기의 순으로 바늘을 옮
긴다.

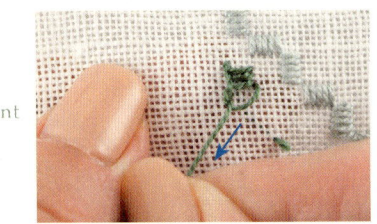

Point

한 땀 한 땀 수를 놓을 때마다 손가락으로 실을 당겨서
힘을 조절해야 전체를 균일한 힘으로 수놓을 수 있다.

[자수 도중에 실이 없으면]

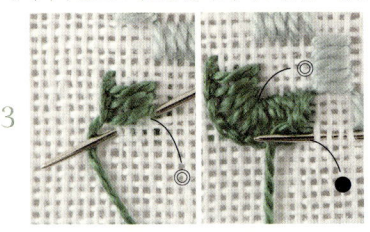

2를 반복하고, 도안대로 수놓아간다. 모서리는 ◎·●
의 위치처럼 같은 위치에 여러 번 실을 넣기 때문에,
약간만 힘을 주어 실을 당겨야 비뚤어지지 않는다.

자수 마지막은 스티치의 뒤쪽에서 자수
시작 위치의 옆 올 밑으로 바늘을 빼낸다.
이음매가 보이지 않게 주의한다.

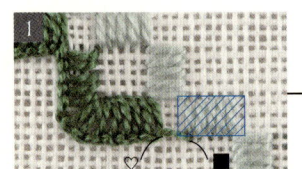
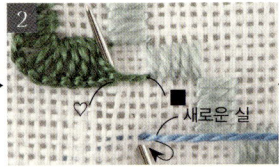

1 이음매가 보이지 않도록, 사진의 모서리 위치에서 실을 바꾼
다. ■의 위치에서 바늘을 밑으로 빼내고, ▨의 새틴 st. 뒤쪽
실로 실을 마무리한다.(p.55 새틴 st.의 7~8 참조)

2 새로운 실을 [자수 시작]과 같은 방법으로 되박음질해 실을 고
정하고, 이전 실의 스티치 밑을 지나 ♡의 위치에서 바늘을 빼낸다.

3 이음매가 보이지 않도록 힘 조절에 주의하며 수놓아간다.

STEP 5 아일릿 st.
※12번실
(가장자리의 장식 스티치)

새틴 st.와 블랭킷 st.로 생긴 테두리 안에 수놓는 스티치이다.
실을 세게 당겨서 한가운데 둥글게 구멍이 생기도록 한다.

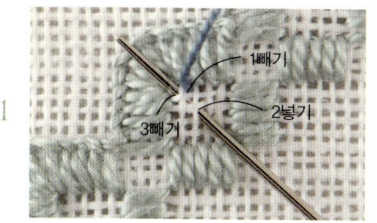

1

새틴 st.의 뒤쪽 실에 실을 걸어서 고정하고(p.55 새틴 st.의 7~8 참조), 1빼기의 위치에서 바늘을 빼낸다. 중앙의 2넣기에 바늘을 넣고 1빼기의 옆 올(3빼기)에서 바늘을 빼낸 뒤 실을 세게 당긴다.

2

이어서 왼쪽으로 1을 반복해 1바퀴 수놓는다. 균일한 힘으로 실을 당겨야, 한가운데 예쁜 원형의 빈 구멍이 만들어진다. 1바퀴 다 수놓으면 한가운데 구멍으로 바늘을 밑으로 빼내고 뒤쪽으로 실을 보낸다.

3
(뒤)

블랭킷 st.의 뒤쪽 실 안을 통과시켜 다음 스티치 위치까지 바늘을 진행한다.

4
(뒤)

다음 스티치 위치까지 오면 1의 자수 시작 위치(1빼기)에서 바늘을 빼내고, 1~2와 같은 방법으로 스티치를 수놓는다.

5

1~4와 같은 방법으로, 계단 형태로 수놓아간다.

STEP 6 올을 자르는 위치에서 자르고 뽑는다

하덴거 자수의 특징인 올 자르기. 끝이 예리하고
날이 잘 드는 실 자르는 가위를 사용한다. 자르는 가닥수는 1블록당 4가닥.
잘못 자르거나 자수실을 자르지 않도록 침착하게 작업한다.

1

도안의 자르는 위치를 확인한다. 이 도안의 경우는 ⌊ 부분이 자르는 위치. |는 가로 실을, ─는 세로 실을 자른다. 자를 위치에 조금 큰 자수틀을 끼우고 천을 팽팽히 당긴 상태로 준비한다.

2

천에 수직으로 가위 끝을 넣고, 스티치의 바로 옆에서 올을 자른다. 스티치를 약간 밀듯이 힘을 주어 스티치의 안쪽에서 자르듯이 하면, 가위를 빼고 스티치를 되돌렸을 때 잘린 끝이 자수실로 가려져 예쁘게 완성된다.

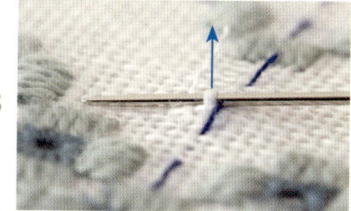

3

자른 올을 뽑는다. 끝이 둥근 바늘로 뽑을 실의 중앙을 수직으로 들어 올리고, 1가닥씩 뽑아낸다.

4

가로 실을 1블록분 뽑은 모습.

5

2~3을 반복해 가로 실을 뽑는다.

6

세로 실도 같은 방법으로 자르고 뽑는다. 작품이 큰 경우는 한 번에 모든 실을 뽑지 말고, 휘감치기를 진행하면서 조금씩 뽑아간다.

STEP 7 우븐 바·루프·피코
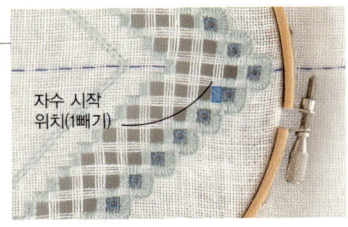

※12번실 (휘감치기)

자른 뒤에 남은 올을 가는 12번실로 휘감친다.
올이 꽉 붙을 정도의 힘으로 수놓는다.
뒤쪽에 불필요한 실을 걸치지 않도록 계단 형태로 수놓아간다.

【 우븐 바 】 가장 자주 쓰이는 스티치이다. 올을 2가닥씩 서로 다르게 묶는다.

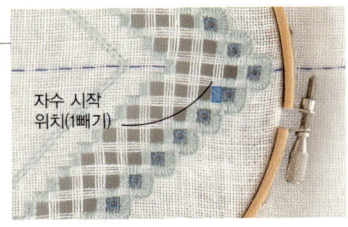

자수
시작

의 새틴 st. 뒤쪽에서 실을 걸어 고정하고(p.55 새틴 st.의 7~8 참조), 자수 시작 위치에서 바늘을 빼낸다.

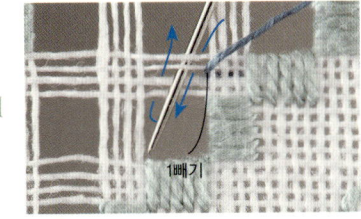

1

올 4가닥의 중앙에서 실을 빼내고, 위쪽 올 2가닥·아래쪽 올 2가닥을 번갈아 뜨며 한 땀 한 땀 수놓을 때마다 실을 당긴다.

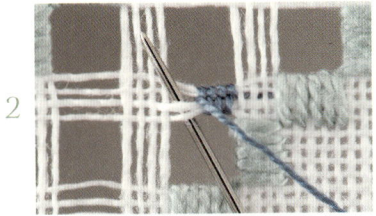

2

몇 땀 수놓은 모습. 실이 겹치지 않게 주의하고, 스티치를 오른쪽으로 붙여서 채워가며 수놓아간다.

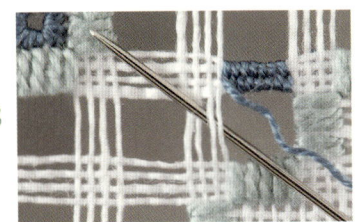

3

블록의 끝까지 다 수놓으면 뒤쪽으로 실을 걸치지 않도록 다음 블록으로 진행한다. 1블록에 들어가는 스티치의 수는 힘 조절이나 올 굵기에 따라 약간씩 조정한다. 균일한 힘으로 수놓아야 완성된 스티치의 수도 일정하다.

4

같은 방법으로, 계단 형태로 수놓아간다.

진행
방법

뒤쪽으로 불필요한 실을 걸치지 않게 계단 형태로 수놓아간다. 천을 회전해 수놓기 편한 방향으로 바늘을 진행한다.

【 루프 】 우븐 바의 도중에 무늬를 넣는 스티치이다. 바늘은 시계 방향으로 진행한다.

자수
시작

1

우븐 바의 맨 마지막 1변을 절반까지 수놓으면, 오른쪽 변의 우븐 바 중앙으로 뒤쪽에서 바늘을 넣는다.

2

1에서 걸친 실의 밑을 지나고, 아래쪽 변의 우븐 바 뒤쪽에서 바늘을 넣는다.

3

2와 같은 방법으로 걸친 실의 밑을 지나 왼쪽 변의 우븐 바 뒤쪽에서 바늘을 넣는다. 맨 마지막은 1에서 걸친 실의 밑을 지나 수놓다 만 위쪽 변의 우븐 바 중앙에서 바늘을 빼낸다.

4

이어서 위쪽 변의 남은 우븐 바를 수놓으면, 루프 1개 완성.

5

다음 루프의 위치까지 우븐 바를 수놓아가고, 같은 방법으로 루프를 넣는다.

【 피코 】 우븐 바의 도중에 매듭 장식(피코)을 만든다. 실이 느슨해지지 않도록 실을 꽉 당긴다.

1 우븐 바를 올의 절반까지 수놓으면 사진처럼 실로 고리를 만들어 바늘을 통과시키고, 올 4가닥의 중앙에서 바늘을 빼낸다.

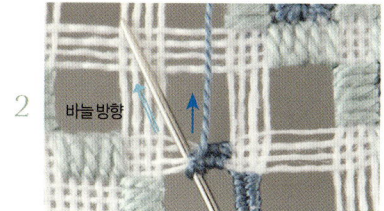

2 실을 당겨 바늘에 꽉 감고, 실을 잡아당긴 채 바늘을 뺀다.

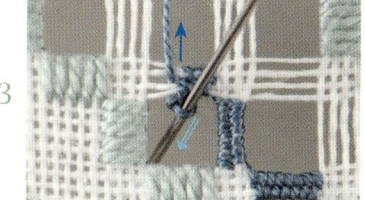

3 2에서 생긴 매듭 중앙에 바늘을 꽂고, 그 상태로 실을 당긴다.

4 손가락으로 피코의 모양과 방향을 정돈한 다음, 빼기의 위치에서 바늘을 빼내고, 남은 우븐 바를 완성한다.

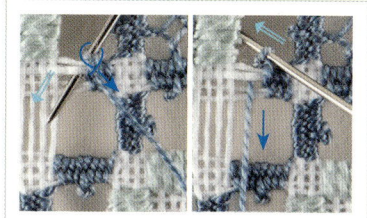

위쪽 변에 피코를 만들 때도 같은 방법으로 매듭을 만들고 중심에 바늘을 꽂는다.

【 롤 바 】 올 4가닥에 자수실을 감아서 만드는 것으로 우븐 바와 마찬가지로 자주 쓰이는 스티치이다. 진행 방법은 우븐 바와 같고, 계단 형태로 수놓아간다.

1 올 4가닥을 뜬다.

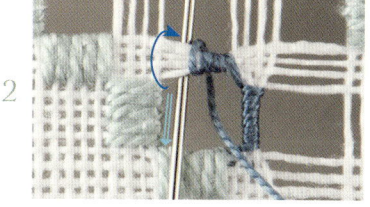

2 실이 겹치거나 느슨해지지 않도록 주의하면서 균일한 힘으로 올에 자수실을 감는다.

STEP 8 가장자리 자르기, 완성

블랭킷 st.의 바로 옆을 잘라 완성한다.
다 자르면 뒤에서 스팀다리미로 다려 모양을 정돈한다.
기호에 따라 스프레이 풀을 사용하면 작품을 빳빳하게 완성할 수 있다.

1 천에 남아 있는 시침실을 모두 뽑고, 블랭킷 st.의 가장자리를 대강 자른다.

2 실 자르는 가위로 세심하게 블랭킷 st.의 바로 옆 올을 자른다. 자수실을 자르지 않도록 주의한다. 오른쪽 위의 사진처럼 블랭킷 st.와 올 사이에 가위 끝을 넣고 가능한 한 바짝 자르면, 겉에서 잘린 끝이 보이지 않고 깔끔하게 완성된다.

3 가장자리를 모두 자르면 완성이다.

【 레이스 휘감치기 】 12번실로 수놓는 섬세한 느낌의 테두리 스티치이다. 올을 뽑고 나서 수놓기 시작한다.

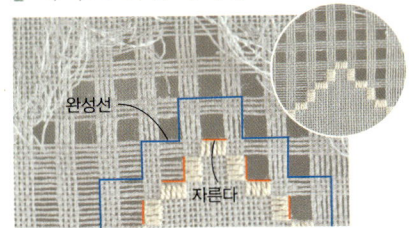

1

레이스 휘감치기 이외의 스티치를 모두 끝내면, 자수틀을 끼우고 가장자리의 올을 새틴 st.를 따라 자르고 올을 뽑는다. 완성선에서 2~3블록 많이 뽑고, 뽑은 실을 자른다.

2

직선 부분에는 우븐 바를, 모서리에는 블랭킷 st.를 수놓는다. 스티치가 아직 2가닥 정도 들어가는 곳까지 우븐 바를 수놓으면 블랭킷 st.의 1번째 땀을 수놓는다.

3

올을 따라 블랭킷 st.를 수놓아간다.

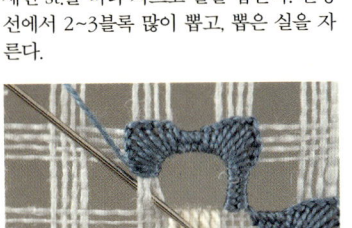

4

모서리를 다 수놓으면 직선 부분은 우븐 바를 수놓는다.

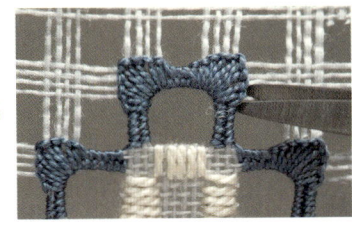

5

2~4를 반복해 레이스 휘감치기를 모두 수놓으면 가장자리의 올을 실 자르는 가위로 자른다. (p.59 STEP 8의 2 참조)

6

가장자리를 모두 자르면 완성이다.

Column

하덴거 자수에는 수많은 자수 기법과 진행 방법이 있다. 같은 스티치 이름도 노르웨이어와 영어로 책에 따라 다양하게 표현하고 있다. "절대 이렇게 하지 않으면 안 된다"는 원칙은 없다.

익숙한 순서나 수놓기 쉬운 진행 방법을 찾아서, 즐겁고 편안하게 수를 놓으면 된다. 단, 하나의 작품 안에서는 진행 방법이나 방향, 스티치의 기법을 통일하는 것이 중요하다.

No.1 Photo > p.6

No.2 Photo > p.8

Hardanger Embroidery
Stitch Gallery

No.4 Photo > p.12

No.5 Photo > p.13

No.6 Photo > p.14

No.7 Photo > p.16

No.9 Photo > p.18

Hardanger Embroidery
Stitch Gallery

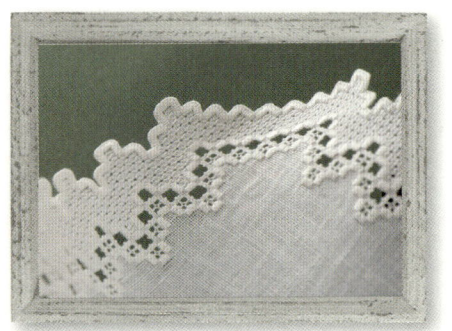

No.10 Photo > p.20

No.11 Photo > p.22

No.12 Photo > p.24

No.15 Photo > p.28

No.16 Photo > p.30

No.20 PHOTO > p.34

No.21 PHOTO > p.34

No.22 PHOTO > p.35

No.24 PHOTO > p.36

No.26 PHOTO > p.38

No.28 PHOTO > p.42

No.29 PHOTO > p.44

No.30 PHOTO > p.46

스티치 기법

【 몰티즈 크로스 스티치 】

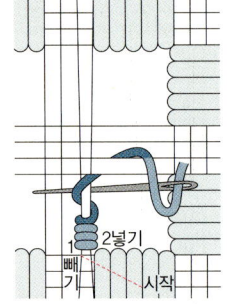
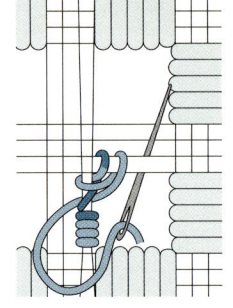
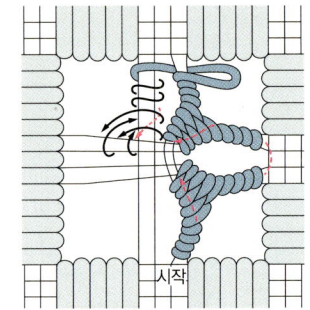

① 중앙의 올 4가닥을 남기고 자른 다음, 올 2가닥에 롤 바를 만든다. 올의 절반까지 만들면 오른쪽 변의 올 2가닥에 실을 걸치고, 롤 바를 만들고 남은 올과 위아래로 번갈아 뜨며 부채꼴을 만든다.

② 롤 바의 절반까지 부채꼴을 만들면 남은 올 2가닥으로 롤 바를 만든다. 이것을 반복한다.

〈 몰티즈 크로스 스티치의 진행 방법 〉 아랫단을 계단 형태로 수놓아가고, 천을 180° 회전해 윗단을 수놓으면서 되돌아온다.

【 1단의 경우 】

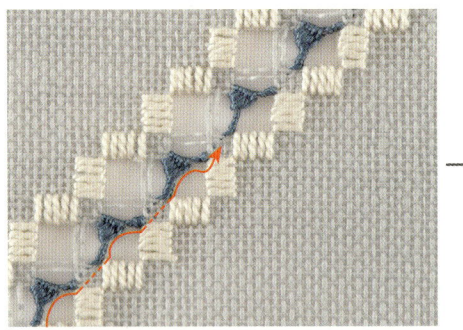
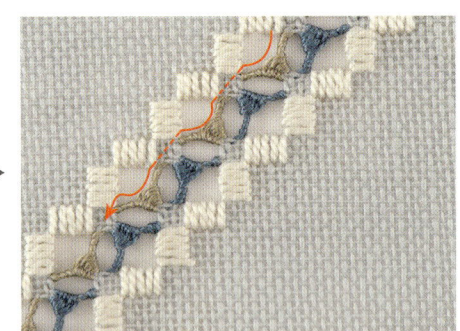

【 여러 단의 경우 】

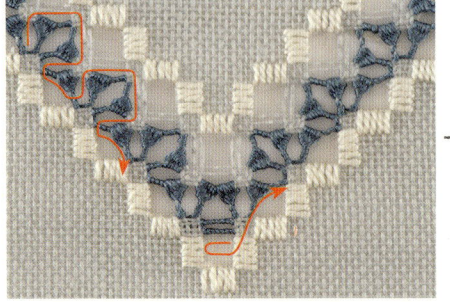

〈몰티즈 크로스 스티치의 변형〉

【 몰티즈 변형 】

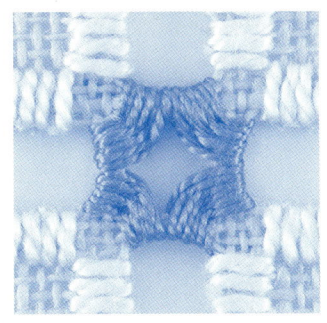 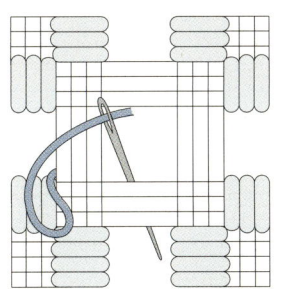 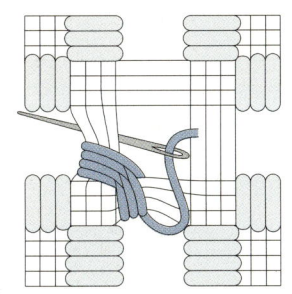 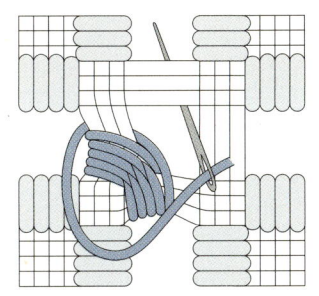

4가닥의 올을 번갈아 뜨며 부채꼴을 만든다. 올의 절반까지 부채꼴을 만들면 다음 모서리로 진행한다.

【 몰티즈·크로스 】

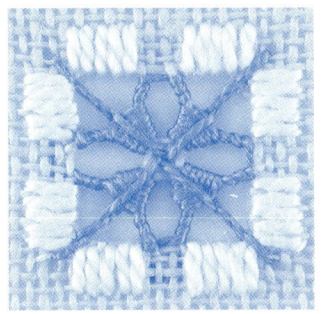 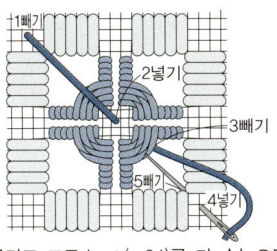 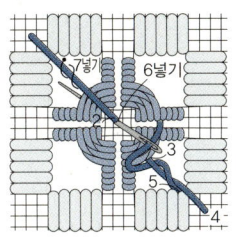 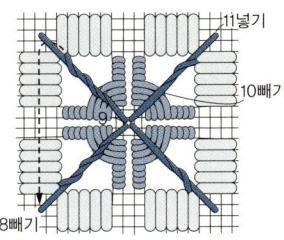

①몰티즈 크로스 st.(p.64)를 다 수놓으면 1에서 바늘을 빼내고, 중심(2넣기)에 바늘을 넣는다. 몰티즈 크로스 st.의 밑을 지나 3에서 빼내고, 모서리의 중심(4넣기)에 바늘을 넣는다.

②3~4에서 걸친 심지실에 실을 1회 감은 다음 중심(6넣기)에 바늘을 넣고, 몰티즈 크로스 st.의 밑을 지나 대각선의 심지실에 실을 감고 뒤쪽으로 바늘을 빼낸다.(7넣기)

③새틴 st.의 뒤쪽 실 안을 통과시켜 다음 모서리로 옮기고, ①, ②를 반복한다.

【 몰티즈·루프 】

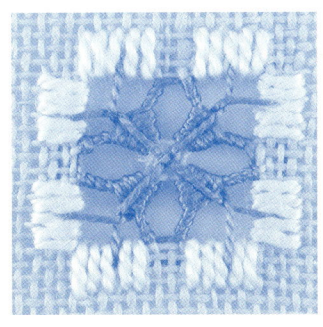 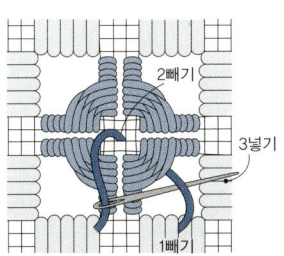 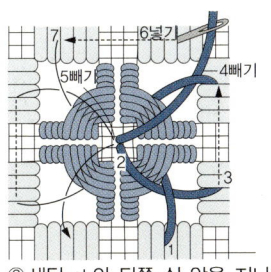

①몰티즈 크로스 st.(p.64)를 다 수놓으면, 새틴 st.의 뒤쪽 실 안을 지나 새틴 st.의 블록 중앙(1빼기)에서 바늘을 빼내고, 2~3의 순으로 바늘을 옮긴다.

②새틴 st.의 뒤쪽 실 안을 지나 다음 모서리로 진행한다.

〈루프의 변형〉

【 루프·크로스 】

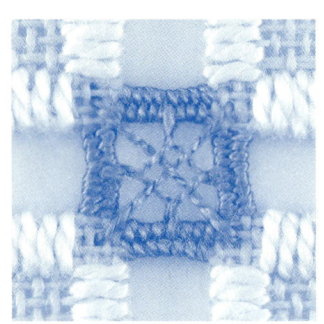

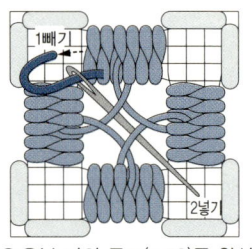

① 우븐 바와 루프(p.58)를 완성하면, 이어서 1~2의 순으로 바늘을 옮긴다.

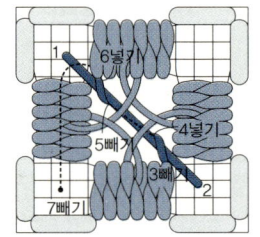

② 1~2에서 걸친 실 바로 옆(3빼기)에서 바늘을 빼내고, 실을 1회 반 감아서 뒤쪽으로 바늘을 빼낸다. 우븐 바의 뒤쪽 실 안을 통과시켜 다음 모서리로 진행한다.

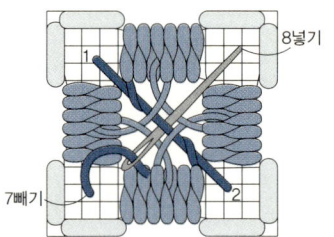

③ 루프의 위, 1~2의 실 밑을 지나 8에 바늘을 넣고 ②와 같은 방법으로 실을 감아서 되돌아오고, 다음 테두리로 진행한다.

【 스퀘어 루프 】

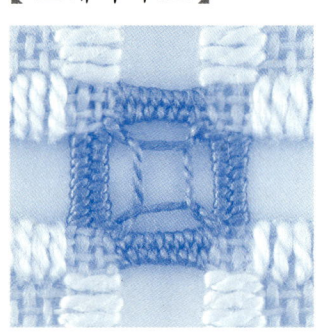

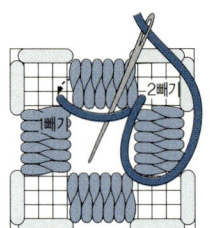

① 4변의 우븐 바(p.58)를 다 수놓으면, 이어서 1~2의 순으로 바늘을 옮기고 바늘에 실을 건다.

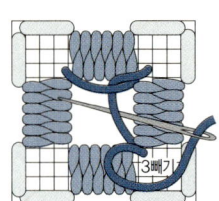

② 다음 모서리로 진행하고, ①과 같은 방법으로 바늘을 옮기고 실을 건다.

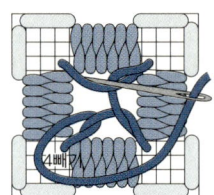

③ ①, ②를 반복하고 맨 마지막은 1~2의 실을 뜨고 바늘을 뒤쪽으로 빼낸다.

〈진행 방법〉 1~23의 순으로 진행한다.

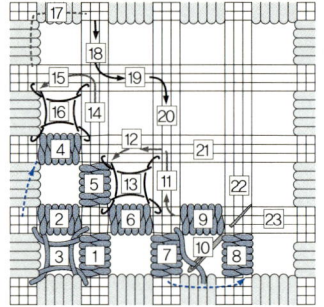

【 더블 루프 】

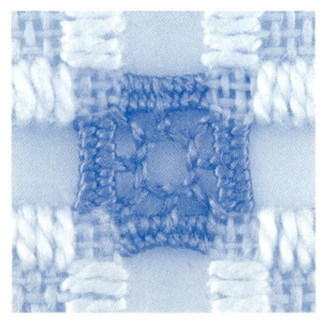

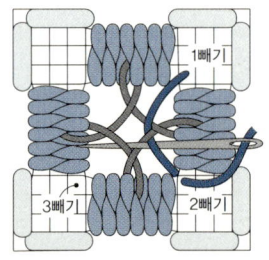

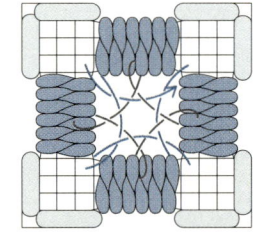

우븐 바와 루프(p.58)를 완성하면 이어서 1에서 바늘을 빼내고, 루프를 뜨고 모서리(2빼기)에서 바늘을 빼낸다. 이것을 반복해 루프를 1개 더 완성하고, 맨 마지막은 뒤쪽으로 바늘을 빼낸다.

【 롤·루프 】

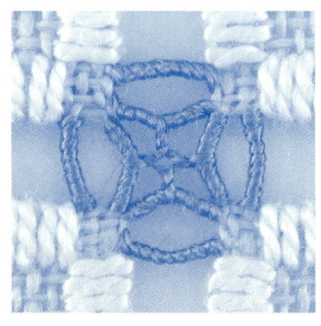

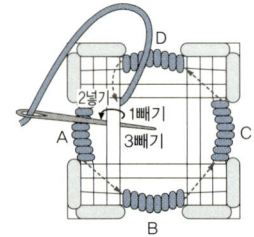

① 바깥쪽 올 2가닥에 롤 바(p.59)를 A·B·C·D의 순으로 휘감친다. 곡선을 만들기 위해, 2~3회 스티치를 많이 넣는다.

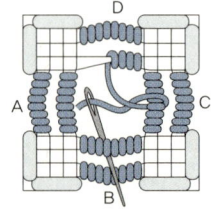

② 안쪽의 2가닥 올에도 롤 바를 더 많이 휘감치고, 맨 마지막 변의 도중에서 그림처럼 루프(p.58)를 만든다. 루프는 세게 당겨서 롤 바를 곡선으로 만든다.

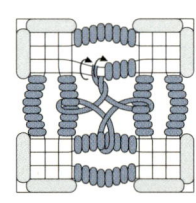

③ 맨 마지막 변의 남은 롤 바를 만든다.

【 루프·아일릿 】

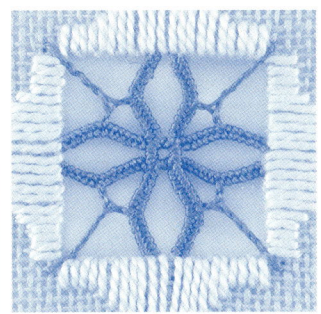

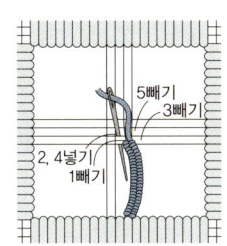

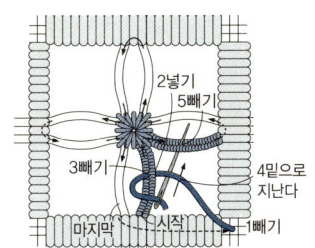

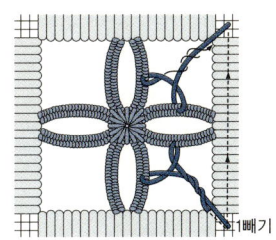

①남은 올을 반으로 나누고, 2가닥으로 우븐 바를 만든다(p.58). 곡선이 되게, 2~3회 스티치를 많이 수놓는다. 이어서 중심에 바늘을 넣고, 왼쪽으로 아일릿 st.(p.57)를 수놓는다. 실은 세게 당기지 말고, 중앙의 구멍을 조금 작게 완성한다.

②이어서 화살표순으로 우븐 바를 만든다. 새틴 st.의 뒤쪽 실 안을 지나 1빼기의 위치에서 바늘을 빼낸다. 왼쪽 우븐 바의 중앙으로 밑에서 바늘을 넣고, 그림처럼 실을 걸어 오른쪽 우븐 바의 중앙으로 밑에서 바늘을 넣는다.

③실을 2회 감으면서 1빼기의 위치 뒤쪽으로 되돌아오고, 새틴 st.의 뒤쪽 실 안을 지나 다음 모서리로 진행한다.

【 루프·피코 】

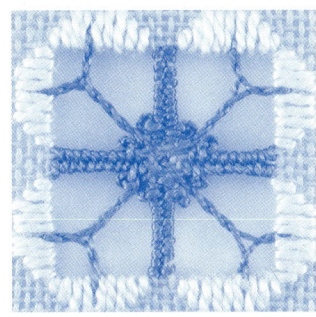

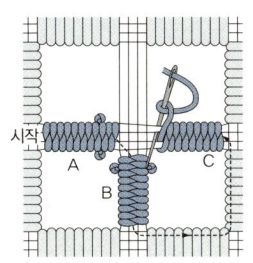

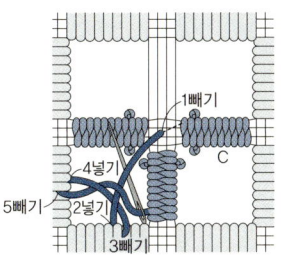

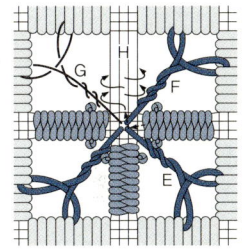

①남은 올 4가닥에 우븐 바와 피코(p.58, 59)를 A~C의 순으로 수놓는다.

②C까지 다 수놓으면 중심(1 빼기)에서 바늘을 빼내고, 2~5의 순으로 실을 걸어 진행한다. 1~2에서 걸친 실에 2회 실을 감고, 일단 바늘을 뒤쪽으로 빼낸다.

③다시 중심에서 바늘을 빼내고, 같은 방법으로 E~G의 순으로 루프를 건다. G를 완성하면 이어서 H의 올에 우븐 바와 피코를 수놓는다.

【 스몰 스파이더 st. 】

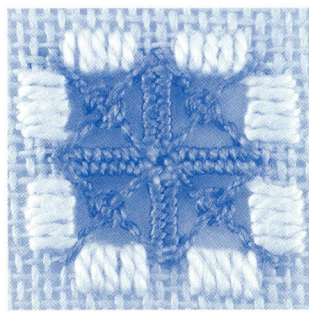

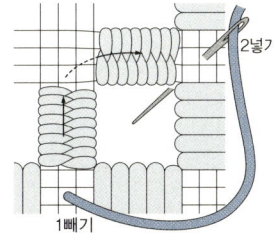

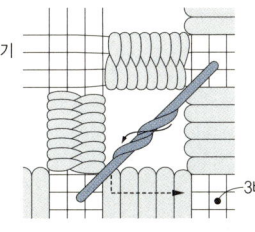

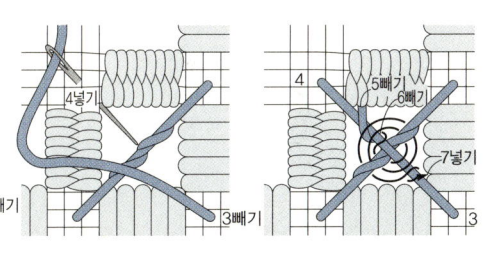

①남은 올 4가닥에 우븐 바를 수놓으면, 이어서 모서리의 중심(1빼기)에서 바늘을 빼내고, 대각선의 모서리 중심(2넣기)에 바늘을 넣는다.

②걸친 실에 2회 실을 감으며 되돌아온다. 일단 뒤쪽으로 바늘을 빼내고, 새틴 st.의 뒤쪽 실 안을 지나 다음 모서리(3빼기)로 진행한다.

③3~6의 순으로 바늘을 진행하고 실을 감으면서 크로스 중심까지 진행하면, 크로스의 실을 위아래 번갈아 뜨며 2바퀴 반 감고, 이어서 실을 감으면서 7넣기의 위치에서 뒤쪽으로 바늘을 빼낸다.

【 플라워 스파이더 st. 】

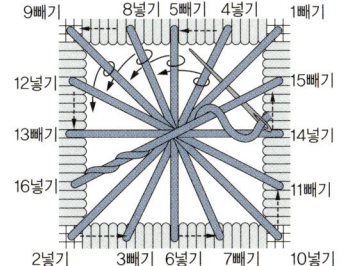

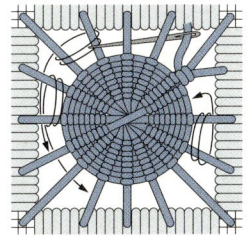

①새틴 st.의 1변을 4등분하고, 중심에서 실을 교차하며 대각선으로 심지실을 걸친다. 맨 마지막에 걸친 심지실에 실을 감으면서 중심까지 진행한 다음, 대각선의 심지실 사이(1과 15의 사이)에서 바늘을 빼낸다. 그림처럼 실을 걸어 '심지실을 1가닥 되돌아오고 2가닥 뜬다'를 반복한다.

②원하는 크기까지 다 감으면, 걸친 심지실을 2가닥씩 2회 실을 감아서 묶는다. 다 감으면 스티치 안을 통과시키고 실을 마무리한다.

〈다닝 스티치와 다닝 스티치의 변형〉

【 다닝 st. 】

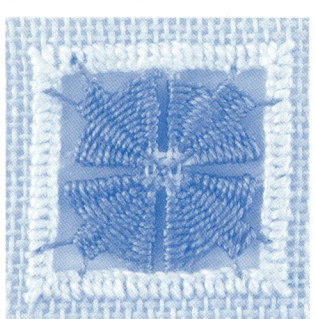

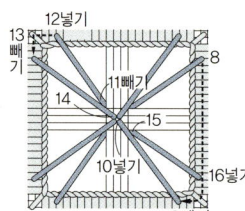

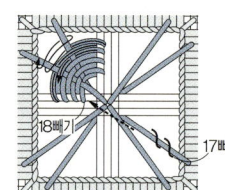

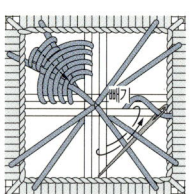

① 1~8의 순으로 바늘을 옮기고 V자로 심지실을 건다.

② 블랭킷 st.의 뒤쪽 실 안을 지나 다음 모서리로 진행하고, ①과 같은 방법으로 심지실을 건다.

③ 맨 마지막에 걸친 실의 바로 옆(17빼기)에서 바늘을 빼내고, 실을 2회 감은 다음 뒤쪽을 지나 올 4가닥의 중앙(18빼기)에서 바늘을 빼낸다. 이어서 심지실과 올 4가닥을 위아래 번갈아 뜨며 부채꼴을 만든다. 올의 끝까지 부채꼴을 수놓으면 심지실 2가닥을 위아래 번갈아서 3회 정도 뜨고 꽃잎 모양을 만든다.

④ 모양이 망가지지 않도록 ③에서 만든 꽃잎 안을 살짝 지나서 중심으로 되돌아오고, 다음 부채꼴로 진행한다.

【 다닝 · 우븐 바 】

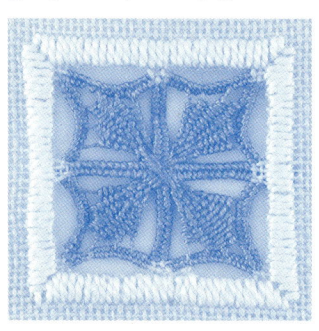

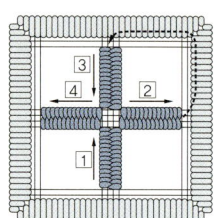

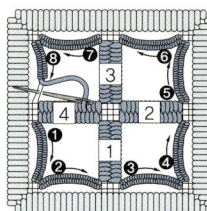

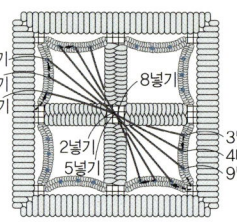

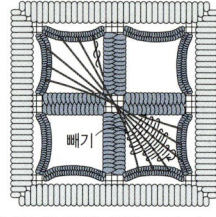

① 중앙에 4가닥, 끝에 2가닥씩 올을 남긴 채 실을 뽑고, 중앙의 4가닥으로 우븐 바(p.58)를 만든다.

② 이어서 끝의 2가닥 올로 ❶~❽의 순으로 우븐 바를 만든다. 이때 우븐 바가 곡선이 되게 2~3회 스티치를 많이 수놓는다.

③ ❽의 우븐 바를 만들고 나면 끝이 예리한 바늘로 바꾸고, ❽의 우븐 바 안을 통과시켜서 1빼기~9넣기의 순으로 심지실을 건다.

④ 이어서 심지실을 걸치고, 맨 마지막의 심지실에 2회 실을 감은 다음. 대각선의 우븐 바와 심지실 사이에서 바늘을 빼내고 다닝 st.(p.68)와 같은 방법으로 6·4·2가닥의 심지실로 꽃잎 모양을 만든다.

【 다닝 · 크로스 】

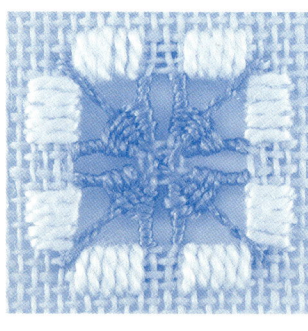

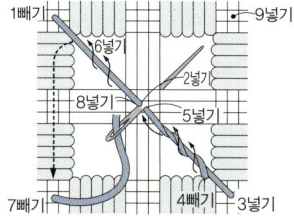

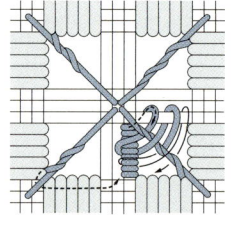

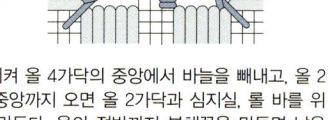

① 중앙에 올을 4가닥씩 남긴 채 자르고, 1~6의 순으로 바늘을 옮겨서 심지실을 걸친다. 같은 방법으로 반대쪽에도 걸친다.

② 새틴 st.의 뒤쪽 실 안을 통과시켜 올 4가닥의 중앙에서 바늘을 빼내고, 올 2가닥으로 롤 바(p.59)를 만든다. 중앙까지 오면 올 2가닥과 심지실, 롤 바를 위아래 번갈아 휘감치며 부채꼴을 만든다. 올의 절반까지 부채꼴을 만들면 남은 올에 롤 바를 만들고 다음으로 진행한다.

【 다닝 · 불리온 】

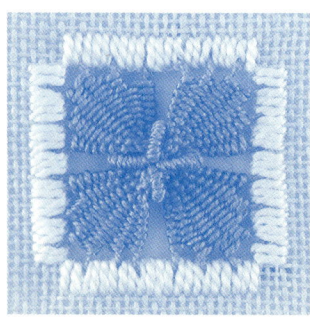

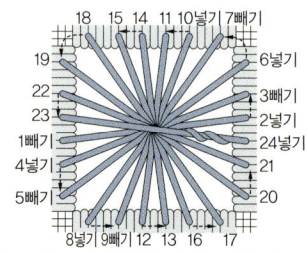

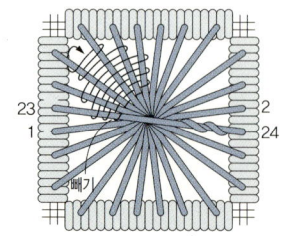

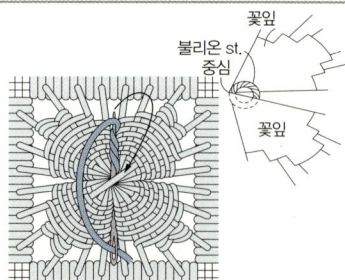

① 새틴 st.의 1변을 7등분하고, 중심에서 실을 교차하며 대각선으로 심지실을 걸친다. 맨 마지막에 걸친 심지실에 실을 감으면서 중심까지 진행한다.

② 대각선의 심지실 바로 옆(1과 23의 사이)에서 바늘을 빼내고, 심지실 6가닥을 위아래 번갈아 뜨며 꽃잎 모양을 만든다. 모양이 망가지지 않도록 꽃잎 안을 살짝 지나서 중심으로 되돌아오고, 대각선의 꽃잎 모양으로 진행한다.

③ 꽃잎이 모두 완성되면 꽃잎과 꽃잎 사이에 바늘을 넣어 중심에서 빼내고, 바늘에 실을 13~15바퀴 정도 감아서 불리온 st.(p.72)를 만든다. 이것을 4개 만든다.

【 다닝 st. + 휘감기 장식 】

우븐 바(p.58)를 다 수놓으면, 우븐 바를 3등분한 위치에 심지실 4가닥을 걸치고 다닝 st.(p.68 참조)를 한다. 새롭게 8번실을 바늘에 끼우고, A의 새틴 st. 뒤쪽 실에 걸어서 실을 마무리한 다음(p.55 참조), 화살표순으로 실을 건다. 바깥쪽으로 실이 겹치지 않게 3바퀴 걸고 A의 새틴 st. 뒤쪽 실에 실을 걸어서 자수를 마무리한다.

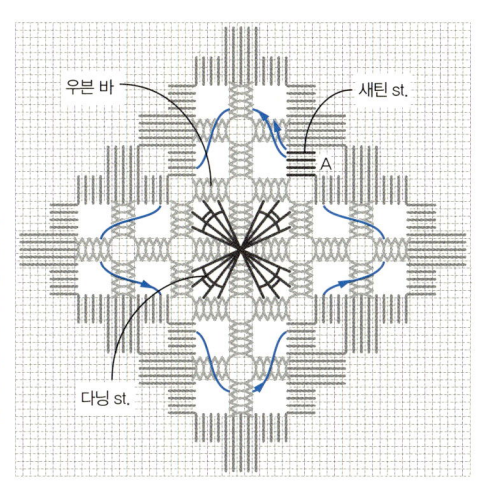

【 에델바이스 st. 】

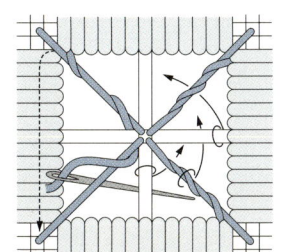 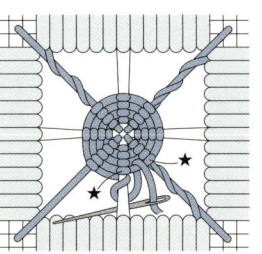 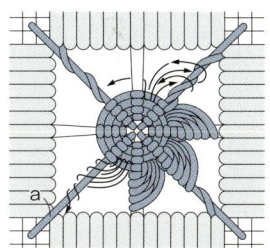

① 중앙에 올 2가닥을 남긴 채 자르고, p.68【다닝·크로스】와 같은 방법으로 심지실을 건다. p.67【플라워 스파이더 st.】와 같은 방법으로 '심지실을 1가닥 되돌아오고 2가닥 뜬다'를 반복한다.

② 올의 절반까지 다 감으면 ★과 ★의 사이에 걸친 실과 올 2가닥을 위아래로 번갈아 뜨며 부채꼴을 만든다.

③ 맨 마지막에 올에서 걸친 실에 건 뒤, 다음 심지실의 밑을 지나 ②와 같은 방법으로 부채꼴을 만든다. 이것을 반복하고 a의 심지실에 실을 감아서 뒤쪽으로 바늘을 빼낸다.

【 리프 & 불리온 st. 】

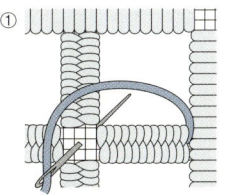 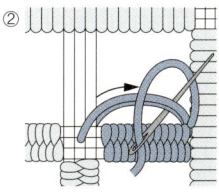 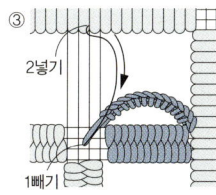 

① 중앙에 남은 올 4가닥에 우븐 바(p.58)를 만든다. 이어서 중심에 바늘을 넣는다.

② 우븐 바 바로 옆으로 되돌아와서 2가닥의 심지실을 걸치고, 심지실에 블랭킷 st.(p.56)를 하여 바를 만든다.

③ 중심까지 되돌아오면 위쪽에도 ②와 같은 방법으로 심지실을 왕복해 걸친다.

⑥ 다른 실로 네 귀퉁이에 블랭킷 st. 바를 만들고, 중앙에 8개의 불리온 st.(p.72)를 수놓는다.

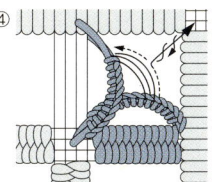 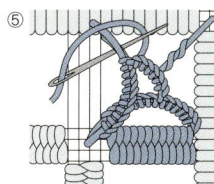

④ ③에서 걸친 심지실에도 ②와 같은 방법으로 블랭킷 st.를 한다. 절반까지 진행하면, 2번째 바의 심지실과 1번째 바의 블랭킷 st. 중앙을 1번 반 왕복해 심지실을 걸치고, 1번째에서 2번째 바를 향해 블랭킷 st.를 한다. 도중에 모서리의 중심에 바늘을 넣어 실을 감으면서 되돌아오고, 남은 블랭킷 st.를 완성한다.

⑤ 2번째 바의 남은 블랭킷 st.를 끝까지 수놓는다.

〈아주르 자수 · 드론 워크 스티치〉

【 포사이디드 st. 】

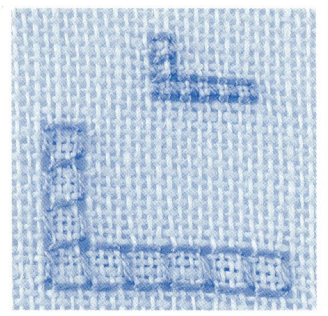

〈가로 방향〉

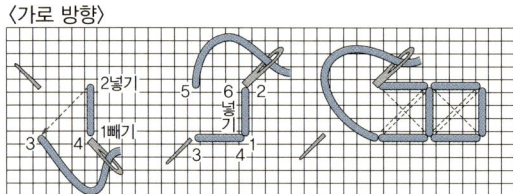

앞쪽에는 사각으로, 뒤쪽에는 사선으로 실을 걸친다.
약간 올이 붙을 정도의 힘으로 수를 놓고, 네 귀퉁이
에 구멍을 낸다.

〈사선 방향〉　　〈모서리 수놓는 법〉

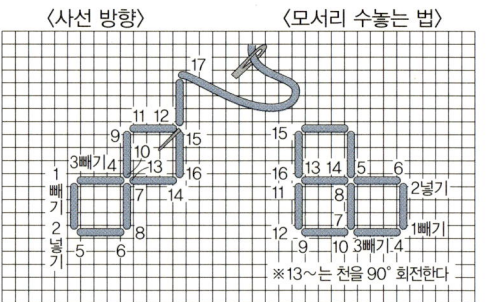

※13~는 천을 90° 회전한다

【 모스키토 st. 】

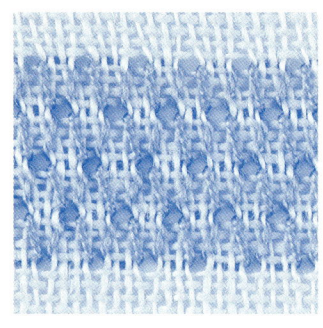

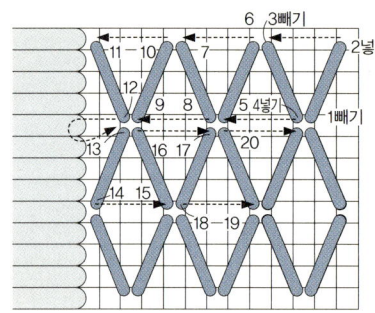

V자를 1단씩 비켜 수놓아 마름모무늬를 만든다.
1단마다 천을 180° 회전해 V자의 골부터 수놓기 시작한다.

【 래핑 st. 】

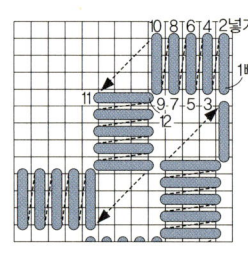

올 4가닥을 감으며 계단 형태로 수놓아간다.
조금 힘주어 실을 당겨 올끼리 꽉 붙도록 수놓는다.
스티치 5가닥으로 1블록이 된다.

【 마블 st. 】

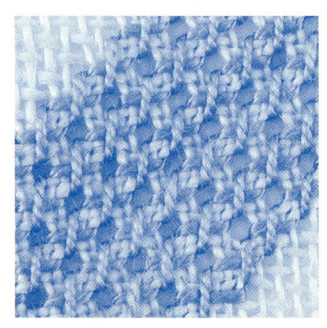

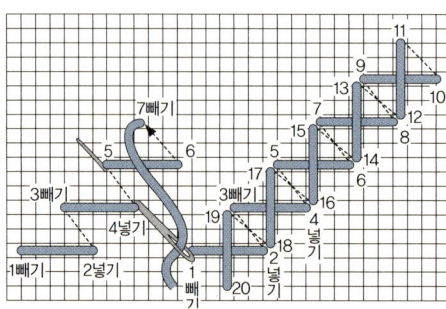

앞쪽에는 ＋자, 뒤쪽에는 사선으로 실을 걸친다.
조금 세게 실을 당겨 레이스 무늬를 만든다.

【 펀치트 워크 】

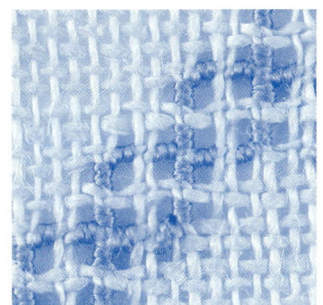

〈2가닥〉

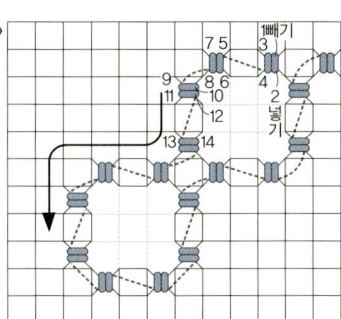

〈4가닥〉

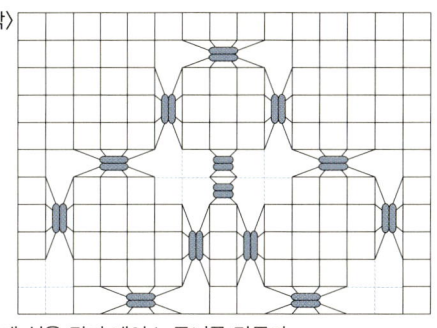

올에 실을 2회 감아서 묶고, 계단 형태로 진행한다. 조금 세게 실을 당겨 레이스 무늬를 만든다.
2가닥의 올을 규칙적으로 묶으면 올 2×2가닥의 +자 무늬, 4가닥의 올을 1가닥 걸러 묶으면
올 1×1가닥의 +자 무늬가 생긴다.

【 몰티즈 크로스 st. + 교차 휘감치기 】

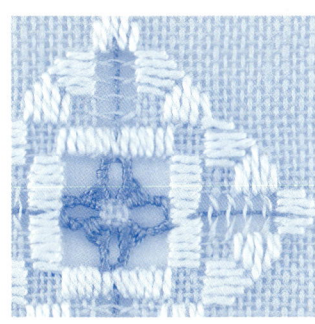

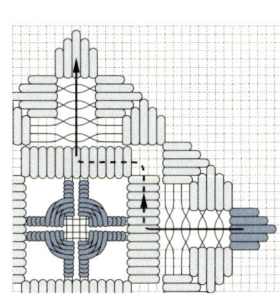

〈교차 휘감치기〉

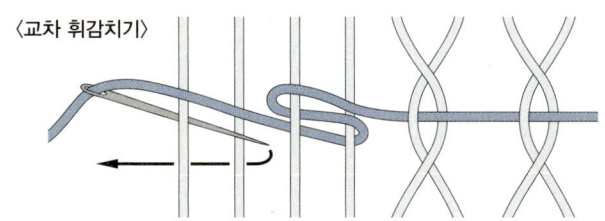

푸른색의 새틴 st. 뒤쪽에서 실을 마무리(p.55 참조)하고, 남은 올을 2가닥씩 교차
해 휘감친다. 새틴 st.의 중앙에 바늘을 넣어 뒤쪽 실 안을 지나고, 이어서 위쪽을
교차해 휘감친다.

〈그 밖의 스티치〉

【 레이지 데이지 st. 】

 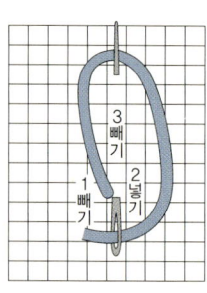 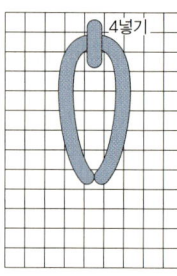

1빼기에서 바늘을 빼낸 다음 1빼기와 같은 곳(2넣기)에 바늘을 넣고, 올 6가닥을 뜨며 바늘을 빼낸다(3빼기). 3빼기에서 빼낸 바늘에 실을 걸고, 물방울 모양이 되도록 실을 당긴 다음 올 2가닥을 지나 4넣기에서 바늘을 밑으로 빼내 고정한다.

【 불리온 st. 】

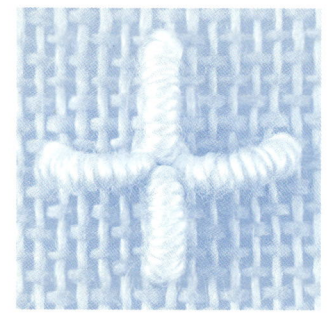 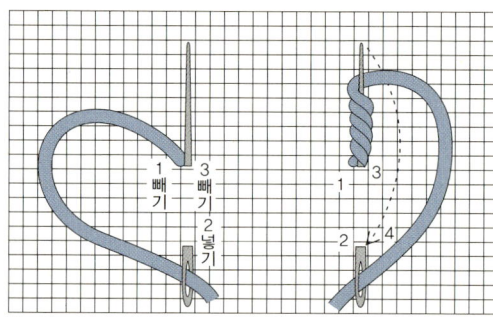

1빼기~2넣기의 순으로 바늘을 옮기고, 1빼기와 같은 곳(3빼기)에서 바늘을 빼낸다. 바늘을 넣은 채 실을 감고, 느슨해지지 않도록 힘주어 고정하면서 바늘을 뽑고 2와 같은 곳(4)에 바늘을 넣는다.

【 팔레스트리나 st. 】

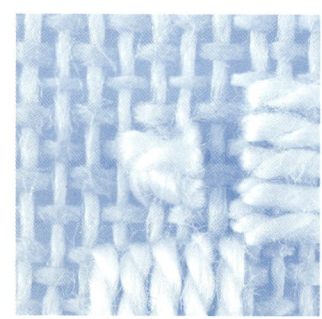 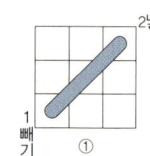 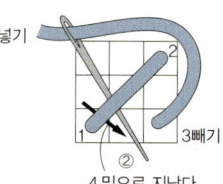 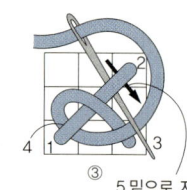 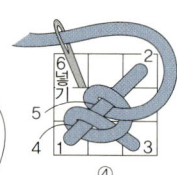 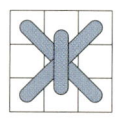

1~2에서 걸친 실 밑으로 실을 2회 지난다.
중심에 매듭이 생기는 것이 특징이다.

【 더블 웨이빙 st. 】

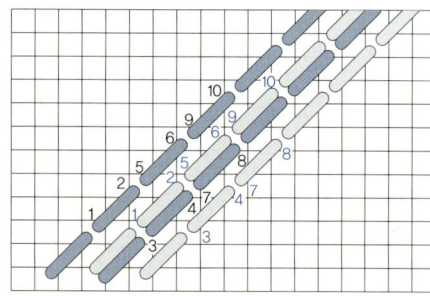

웨이빙 st.(p.56)를 2단 수놓는다.
중앙의 라인은 같은 올에 스티치가 2가닥 들어간다.
모서리를 수놓는 법은 웨이빙 st.와 같다.

DESIGN PATTERN
HOW TO MAKE

도안과 만드는 법

액자 틀 만들기, 심플 헴 스티치

가장자리를 자르지 않고 매트형으로 작품을 완성할 때 사용하면 편리한 방법이다.

〈 액자 틀 만들기 〉

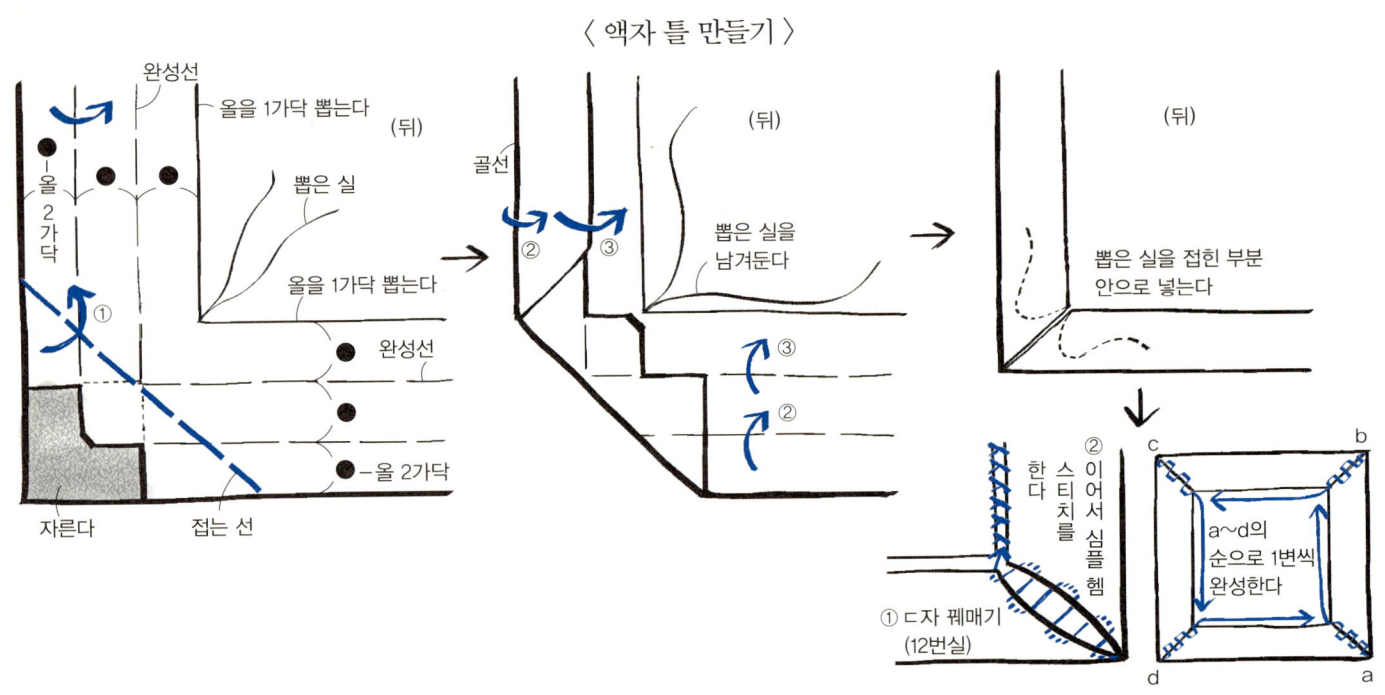

〈 심플 헴 스티치(12번실) 〉

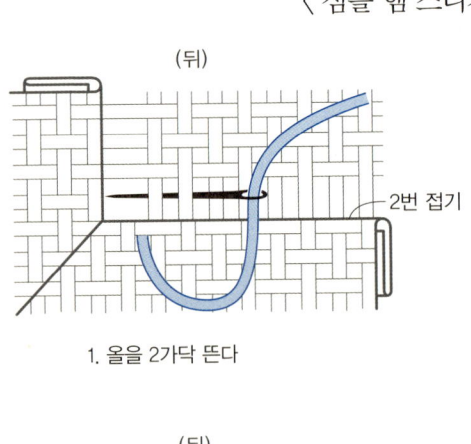

1. 올을 2가닥 뜬다

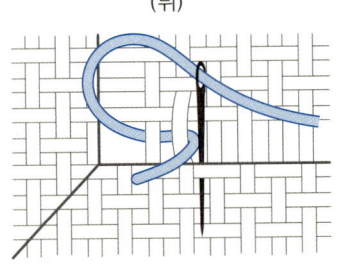

2. 앞쪽과 함께 2번 접은 부분의
   올 1가닥을 뜬다

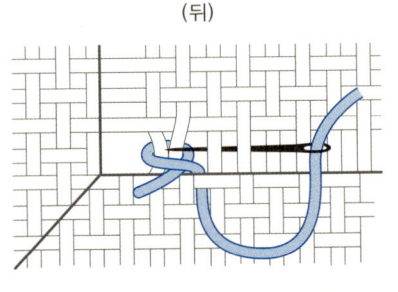

3. 이어서 올을 2가닥 뜨고,
   1~2를 반복한다

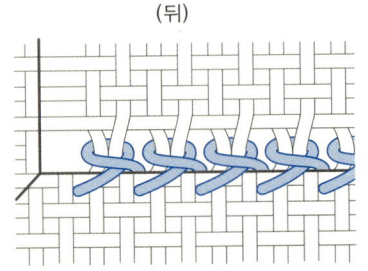

4. 이어서 1변을 수놓고, 접힌 부분
   안쪽 올에 실을 걸어서 마무리한다.

권말 PATTERN BOOK 사용법

권말의 패턴 북을 잘라낸 다음, 일러스트처럼 표지를 위로 가게 1번 접은 뒤 아코디언 접기를 하면, 책처럼 넘기면서 사용할 수 있다.
본책의 작품 사진을 보며 자수를 즐겨보자.

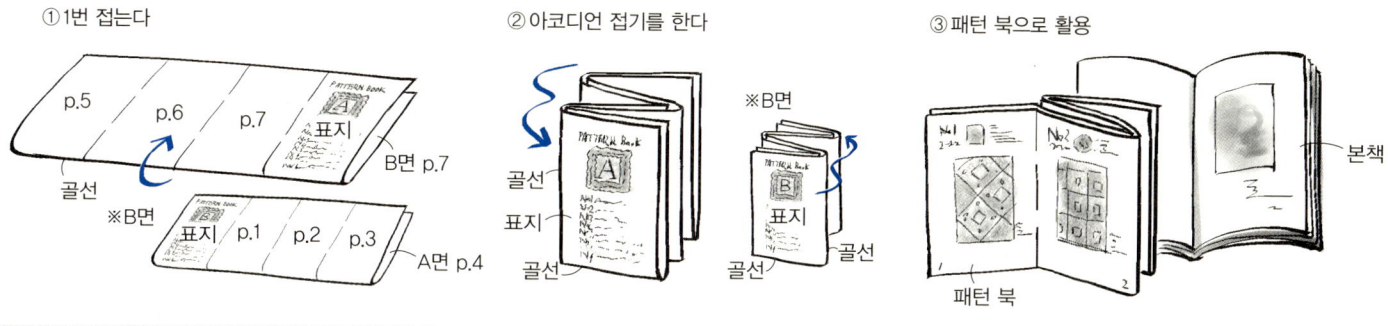

① 1번 접는다   ② 아코디언 접기를 한다   ③ 패턴 북으로 활용

도안 보는 법

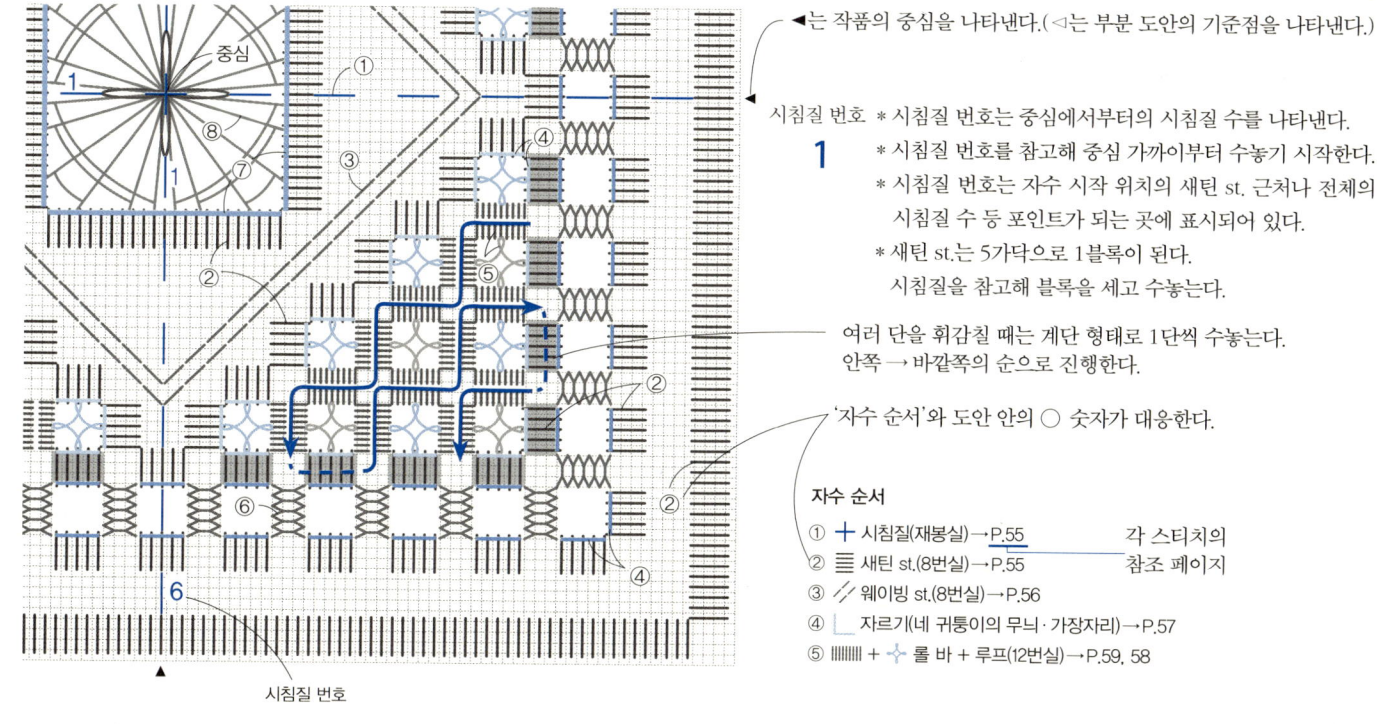

◀는 작품의 중심을 나타낸다. (◁는 부분 도안의 기준점을 나타낸다.)

시침질 번호 * 시침질 번호는 중심에서부터의 시침질 수를 나타낸다.

1 * 시침질 번호를 참고해 중심 가까이부터 수놓기 시작한다.
   * 시침질 번호는 자수 시작 위치의 새틴 st. 근처나 전체의
     시침질 수 등 포인트가 되는 곳에 표시되어 있다.
   * 새틴 st.는 5가닥으로 1블록이 된다.
     시침질을 참고해 블록을 세고 수놓는다.

여러 단을 휘감칠 때는 계단 형태로 1단씩 수놓는다.
안쪽 → 바깥쪽의 순으로 진행한다.

'자수 순서'와 도안 안의 ○ 숫자가 대응한다.

자수 순서

① ✛ 시침질(재봉실)→P.55   각 스티치의
② ☰ 새틴 st.(8번실)→P.55   참조 페이지
③ ╱╱ 웨이빙 st.(8번실)→P.56
④ ∟ 자르기(네 귀퉁이의 무늬·가장자리)→P.57
⑤ ‖‖‖‖‖ + ✦ 롤 바 + 루프(12번실)→P.59, 58

HOW TO MAKE의 규칙

· 만드는 법 안에 특별히 지정하지 않은 숫자의 단위는 cm이다.
· 스티치 = st.를 나타낸다.
· 완성 사이즈는 지정된 올 수의 천으로 만드는 경우의 기준치이다. 힘 조절에 따라 사이즈가 다소 달라질 수 있다.
· 재료의 실타래 수는 최소한의 기준치이다. 큰 작품은 힘 조절에 따라 차이가 생기기 때문에, 좀 더 많이 준비하는 것이 좋다.
· 재료의 천 사이즈는 바이어스로 사용하는 것을 포함해, 모두 올 방향대로 세로×가로 사이즈를 표기한다.
· 12번실 스티치의 자수 시작과 실 마무리는 가까이에 있는 새틴 st.의 뒤쪽 실에 걸어서 고정한다.(p.55 STEP 2의 7, 8 참조)

No.7
No.8

Photo > p.16-17

손수건
티슈 케이스

재료(No.7 손수건)
자수천…리넨 25ct(10올／1cm) [흰색] 45×45cm
자수실…DMC 8·12번 자수실 [흰색／Blanc]×각 1타래

재료(No.8 티슈 케이스)
자수천…리넨 25ct(10올／1cm) [베이지] 70×20cm
자수실…DMC 8·12번 자수실 [흰색／Blanc]×각 1타래
기타…코튼 [녹색] 20×15cm

완성 사이즈   (손수건) 32×32cm   (티슈 케이스) 9.5×11cm

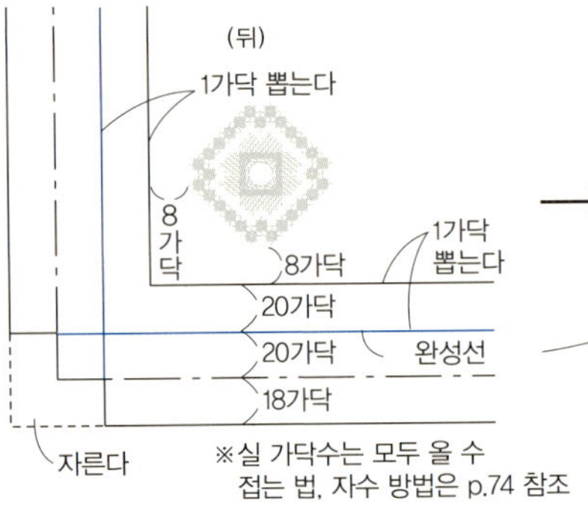

액자 틀 만들기 후

(뒤)
1가닥 뽑는다
8가닥
1가닥 뽑는다
8가닥
20가닥
20가닥   완성선
18가닥
자른다

※실 가닥수는 모두 올 수
접는 법, 자수 방법은 p.74 참조

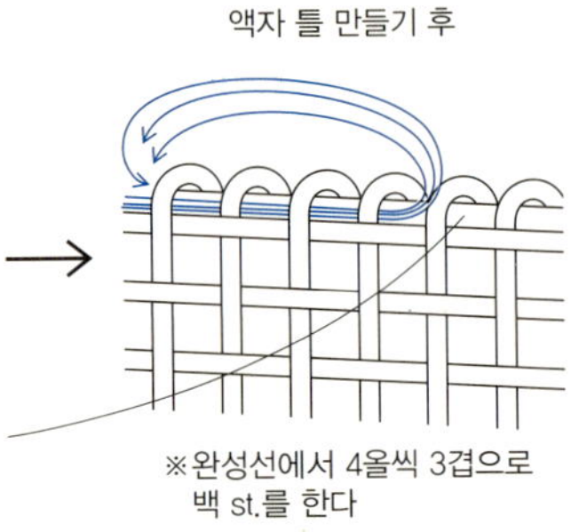

※완성선에서 4올씩 3겹으로
백 st.를 한다

손수건 배치도

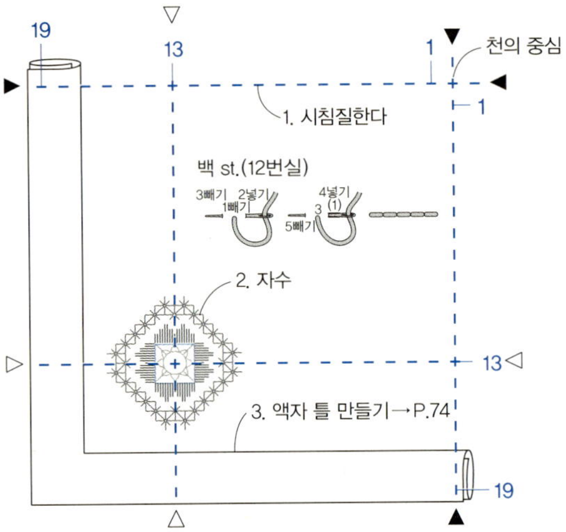

19   13   1   천의 중심
1. 시침질한다
1

백 st.(12번실)
3빼기 2넣기   4넣기(1)
1빼기   3(1)   5빼기

2. 자수

13
3. 액자 틀 만들기→P.74
19

티슈 케이스 덮개 ※도안의 배치, 시침질 번호는 p.77 참조

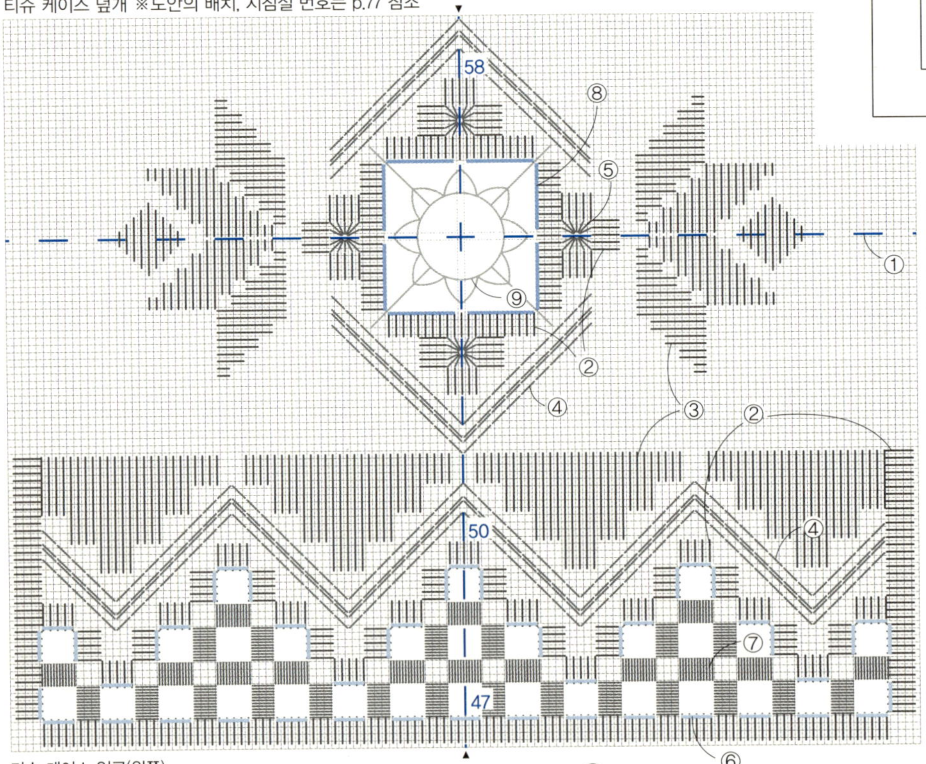

58
50
47

⑧
⑤
⑨
②
④
③
②
④
⑦
⑥

티슈 케이스 입구(위쪽)
※아래쪽은 위아래 대칭으로 수놓는다

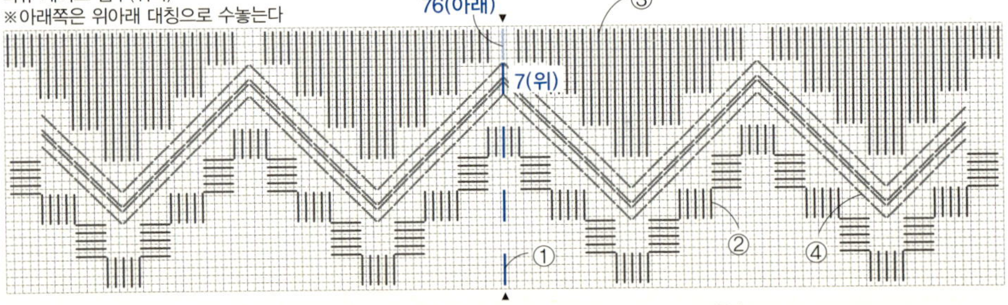

76(아래)
7(위)

③
②   ④
①

자수 순서(티슈 케이스)

① ✛ 시침질(재봉실)→P.55
② ≣ 새틴 st.(8번실)→P.55
③ ≣ 새틴 st.(8번실)→P.55
④ ∥ 더블 웨이빙 st.
     (8번실)→P.56, 72
⑤ ✳ 아일릿 st.
     (12번실)→P.57
⑥ ∟ 자르기(아래의 무늬)→P.57
⑦ ⫿⫿ 롤 바(12번실)→P.59
⑧ ∟ 자르기(중앙)→P.57
⑨ ✿ 에델바이스 st.(12번실)→P.69

자수 순서(손수건)

① ✛ 시침질
     (재봉실)→P.55
② ≣ 새틴 st.
     (8번실)→P.55
③ ✳ 아일릿 st.
     (12번실)→P.57
④ ∟ 자르기→P.57
⑤ ✿ 에델바이스 st.
     (12번실)→P.69

손수건

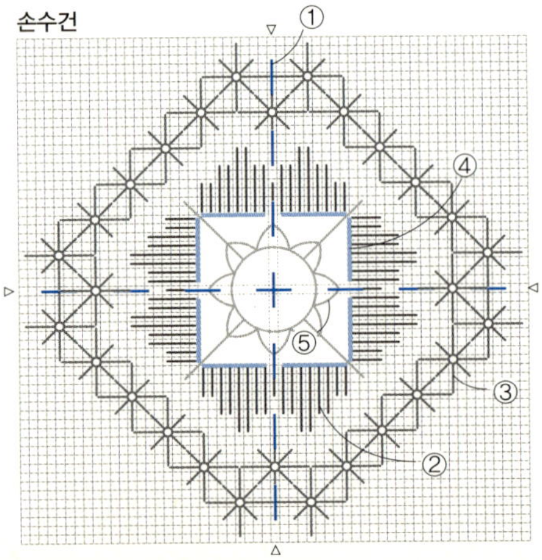

①
④
⑤
③
②

No.8의 만드는 법

만드는 법
① 리넨에 4올 간격으로 시침질하고, 수를 놓은 뒤 바대(덧대는 천)를 겹친다.
② 그림을 참조해 접는다.
③ 옆을 꿰맨다.
④ 겉으로 뒤집고 모양을 정돈한다.

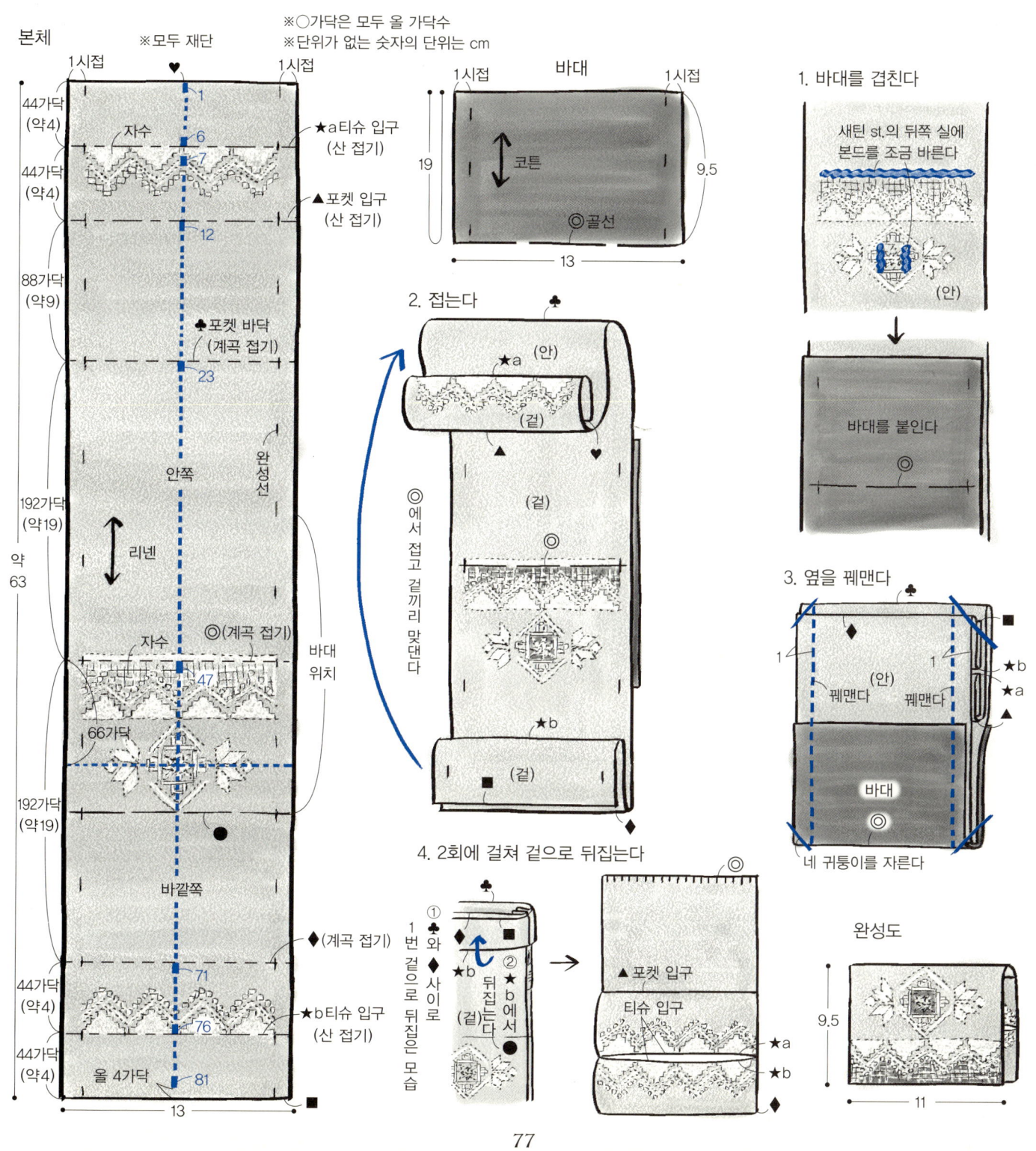

본체

※모두 재단
※○가닥은 모두 올 가닥수
※단위가 없는 숫자의 단위는 cm

1시접
1시접
44가닥 (약4)
자수
★a티슈 입구 (산 접기)
44가닥 (약4)
▲포켓 입구 (산 접기)
88가닥 (약9)
♣포켓 바닥 (계곡 접기)
192가닥 (약19)
안쪽
완성선
리넨
약 63
자수
◎(계곡 접기)
바대 위치
66가닥
192가닥 (약19)
바깥쪽
◆(계곡 접기)
44가닥 (약4)
★b티슈 입구 (산 접기)
44가닥 (약4)
올 4가닥
13

바대
1시접
1시접
19
코튼
9.5
◎골선
13

2. 접는다
◎에서 접고 겉끼리 맞댄다

3. 옆을 꿰맨다

4. 2회에 걸쳐 겉으로 뒤집는다

1. 바대를 겹친다
새틴 st.의 뒤쪽 실에 본드를 조금 바른다
(안)
바대를 붙인다

3. 옆을 꿰맨다 ♣
꿰맨다 꿰맨다
(안)
바대
네 귀퉁이를 자른다
■
★b
★a
▲

▲포켓 입구
티슈 입구
★a
★b
◆

완성도
9.5
11

No.9

Photo > p.18

태피스트리

재료
자수천…DMC 리넨 28ct(11올／1cm) [흰색／B5200] 18×18cm 3장
자수실…DMC 8·12번 자수실 [흰색／Blanc]×각 1타래
기타…코튼 [갈색] 60×40cm
　　　두꺼운 종이 [두께 2mm] 13.7×13.7cm 3장
　　　　　　　　　[두께 1mm] 14×14cm·13.5×13.5cm 각 3장
　　　그로그램 리본 [갈색] 너비 4cm×30cm, 너비 1.5cm×6cm
　　　너비 0.35cm 자수용 리본 [갈색]×120cm
　　　삼각 링 1개, 길이 10cm 태슬 1개
　　　완성 사이즈　56×14cm

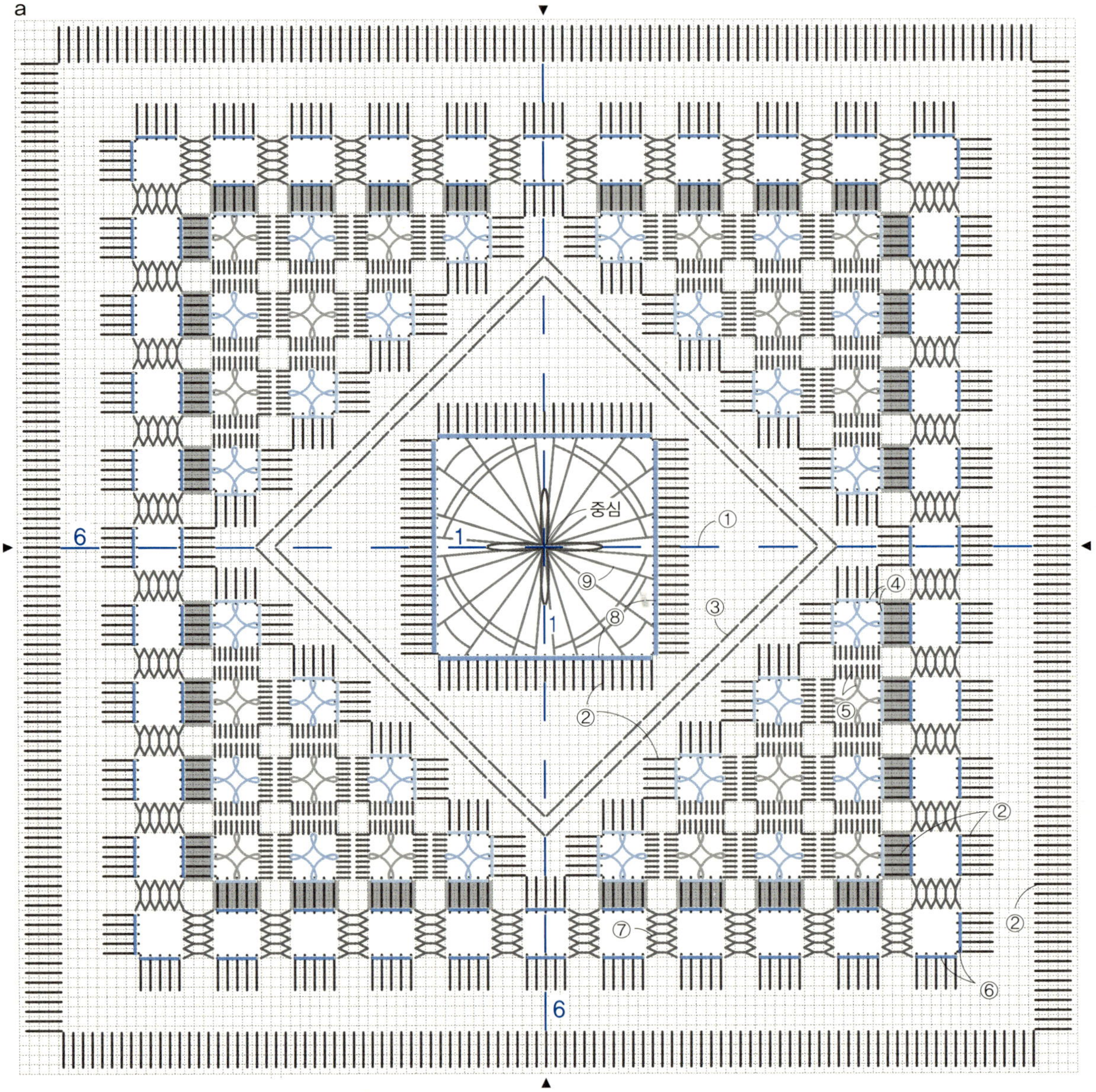

자수 순서

① ✚ 시침질(재봉실)→P.55
② ☰ 새틴 st.(8번실)→P.55
③ ⁄⁄ 웨이빙 st.(8번실)→P.56
④ └ 자르기(네 귀퉁이의 무늬·가장자리)→P.57
⑤ ▥ + ✧ 롤 바 + 루프(12번실)→P.59, 58
※롤 바는 스티치를 많이 넣어 바가 곡선이 되게 만든다

⑥ └ 자르기(가장자리)→P.57
※자르기 전에 중간 농도로 물에 희석한 본드를 ▨ 의 새틴 st. 뒤쪽에 발라서 보강해놓는다
⑦ ☖ 우븐 바(12번실)→P.58
⑧ └ 자르기(중앙)→P.57
⑨ ✹ 중앙의 휘감치기(12번실)→a 다닝·불리온 P.68,
　　b 리프 & 불리온 st. P.69, c 플라워 스파이더 st. P.67
⑩ 가장자리 자르기, 완성→P.59

No.9의 만드는 법

만드는 법

① 리넨에 수를 놓고 리본을 끼운다.

② 그림을 참조해 두꺼운 종이를 준비하고, 천을 붙여서 a~c의 액자를 3개 만든다.

③ 같은 간격으로 ② 3장을 나란히 놓고 리본과 태슬을 끼운 다음, 뒤쪽에 C를 붙인다.

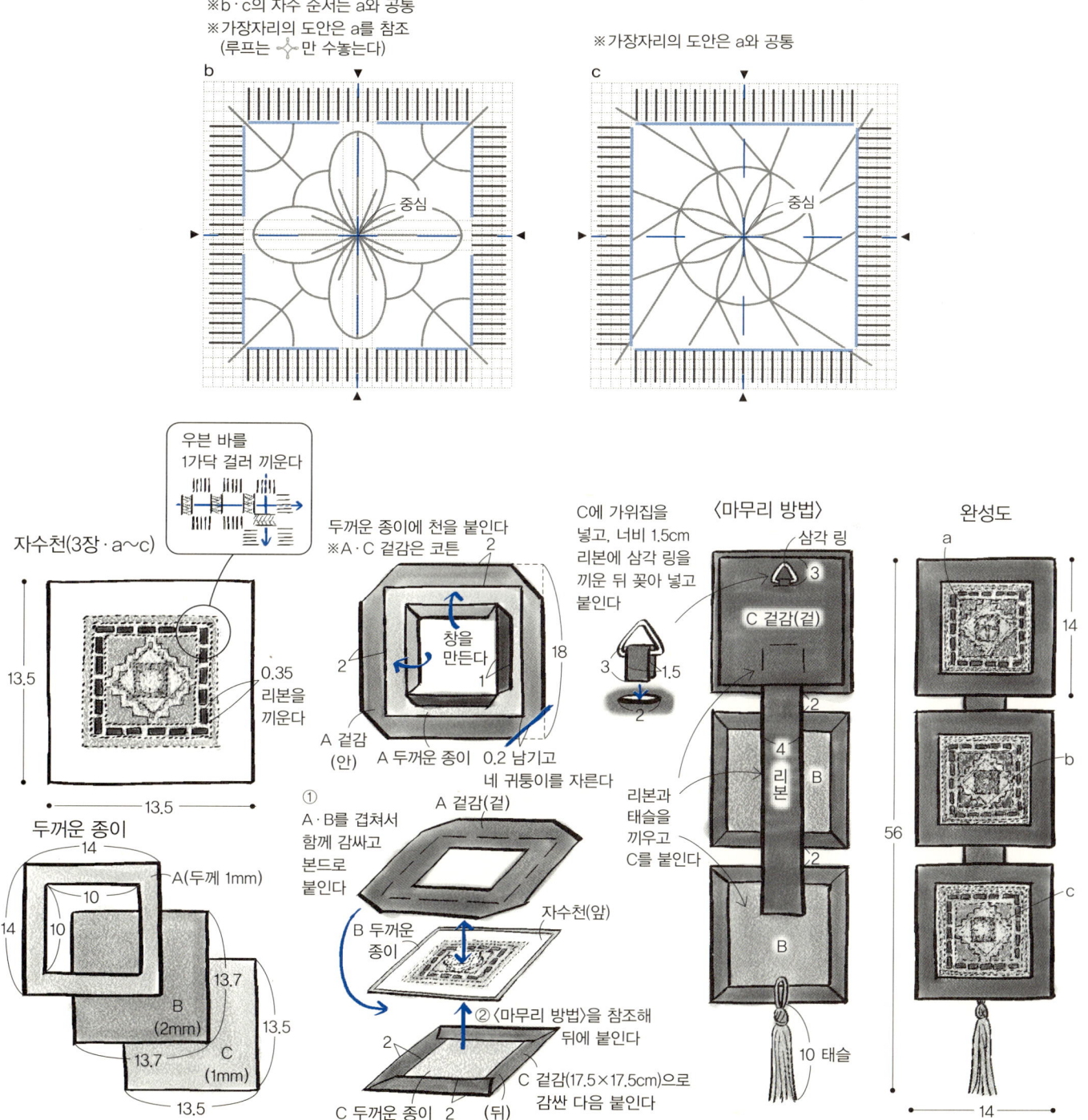

※b·c의 자수 순서는 a와 공통
※가장자리의 도안은 a를 참조
　(루프는 ◇만 수놓는다)

※가장자리의 도안은 a와 공통

b

중심

c

중심

우븐 바를
1가닥 걸러 끼운다

자수천(3장·a~c)

13.5

13.5

0.35
리본을
끼운다

두꺼운 종이

14

10

14

10

A(두께 1mm)

13.7

B
(2mm)

13.7

13.7

C
(1mm)

13.5

13.5

13.5

두꺼운 종이에 천을 붙인다
※A·C 겉감은 코튼

2

2

창을
만든다

1

18

A 겉감
(안)

A 두꺼운 종이　0.2 남기고
네 귀퉁이를 자른다

①
A·B를 겹쳐서
함께 감싸고
본드로
붙인다

A 겉감(겉)

B 두꺼운
종이

자수천(앞)

②〈마무리 방법〉을 참조해
뒤에 붙인다

2

C 두꺼운 종이　2　(뒤)

C 겉감(17.5×17.5cm)으로
감싼 다음 붙인다

C에 가위집을
넣고, 너비 1.5cm
리본에 삼각 링을
끼운 뒤 꽂아 넣고
붙인다

3　1.5

2

〈마무리 방법〉

삼각 링

3

C 겉감(겉)

2

4
리
본

리본과
태슬을
끼우고
C를 붙인다

B

2

B

10 태슬

완성도

a

14

56

b

c

14

No.10

Photo > p.20-21

미니 매트

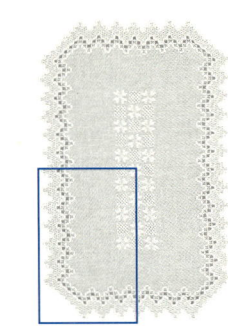

재료
자수천…DMC 리넨 28ct(11올/1cm) [흰색/B5200] 55×35cm
자수실…DMC 8·12번 자수실 [흰색/Blanc]×각 1타래

완성 사이즈   45×28cm

중앙의 무늬

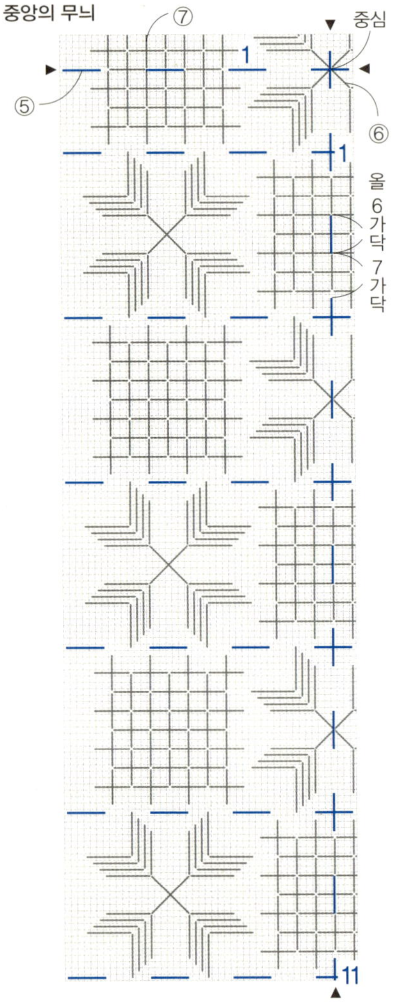

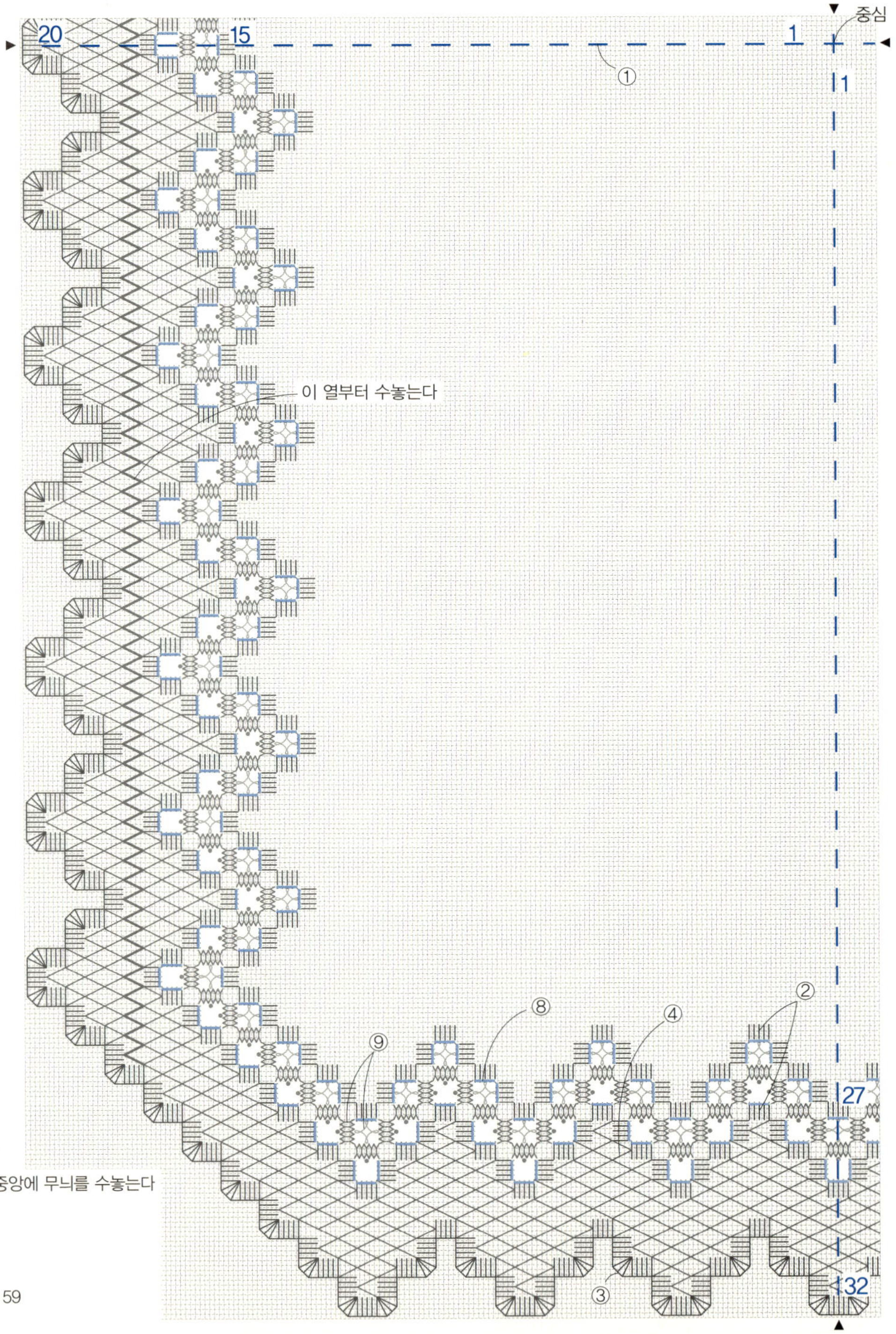

⑦

⑤

중심

⑥

올 6 가닥 7 가닥

1

11

20   15   1   중심

①

1

이 열부터 수놓는다

⑨ ⑧ ④ ②

27

③ 32

자수 순서

① ✛ 시침질(재봉실)→P.55
② ☰ 가장자리의 새틴 st.(8번실)→P.55
③ ▥ 블랭킷 st.(8번실)→P.56
④ ⋙ 모스키토 st.(12번실)→P.70
⑤ ✛ 중앙 무늬의 시침질(재봉실)→P.55
※가장자리의 도안을 다 수놓은 다음 중심에서 올 6·7
가닥을 다시 시침질하고, 맨 처음 시침질한 실은 뽑고 중앙에 무늬를 수놓는다
⑥ ☰ 중앙 무늬의 새틴 st.(8번실)→P.55
⑦ ✛ 중앙 무늬의 마블 st.(12번실)→P.70
⑧ ┗ 자르기→P.57
⑨ ⋙+ ✣ 우븐 바 + 루프 + 피코(12번실)→P.58, 59
⑩ 가장자리 자르기, 완성→P.59

No.11

Photo > p.22-23

플레이스 매트

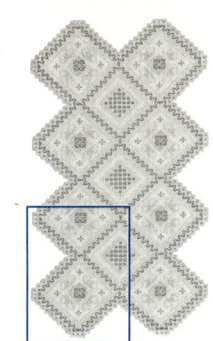

재료

자수천…DMC 리넨 28ct(11올／1cm) [흰색／B5200] 60×35cm

자수실…DMC 8·12번 자수실 [베이지／644]×각 2타래

완성 사이즈　52×29cm

자수 순서

① ✛ 시침질(재봉실)→P.55

② ▤ 새틴 st.(8번실)→P.55

③ ▤ 새틴 st.(8번실)→P.55

④ ╱ 웨이빙 st.(8번실)→P.56

⑤ ▥ 블랭킷 st.(8번실)→P.56

⑥ ✳ 아일릿 st.(12번실)→P.57

⑦ ⌐ 자르기(안쪽)→P.57

⑧ ✳ 루프·아일릿
　 (12번실)→P.67

⑨ ⬳ 우븐 바 + 피코
　 (12번실)→P.58, 59

⑩ ⌐ 자르기(바깥쪽)→P.57

⑪ ⣿ 몰티즈 크로스 st.
　 (12번실)→P.64

⑫ 가장자리 자르기, 완성→P.59

무늬의 확대 도안

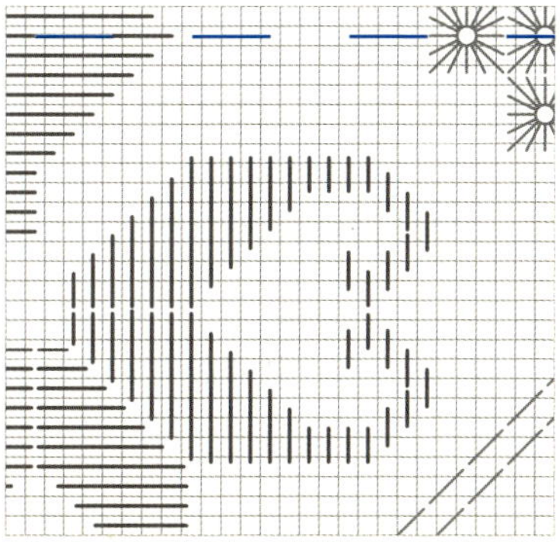

No.12

P_{hoto} > p.24-25

클로스(소)

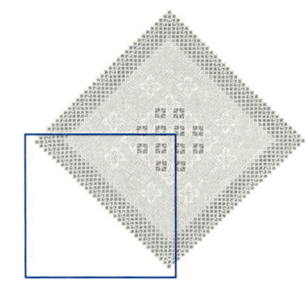

재료
자수천···덴마크 리넨(13올／1cm) [원사] 50×50cm　※바이어스로 사용
자수실···DMC 8·12번 자수실 [흰색／Blanc]×각 1타래
　　　　DMC 100번 코르도네 스페셜 [흰색／Blanc]×각 1타래

완성 사이즈　41×39cm(1변 약 29cm)
※천에 따라 마름모꼴로 완성되기도 한다

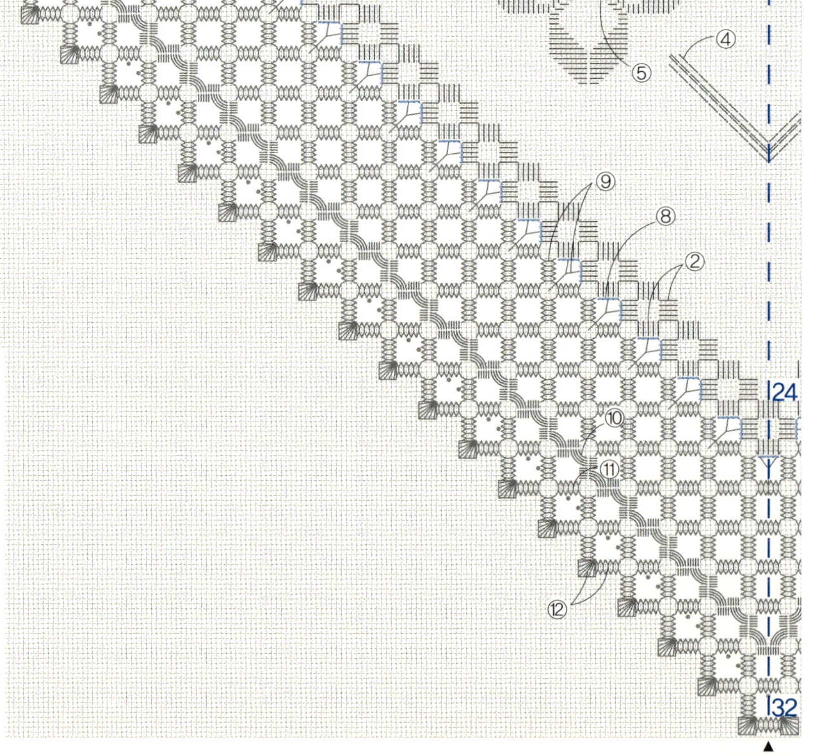

무늬의 확대 도안

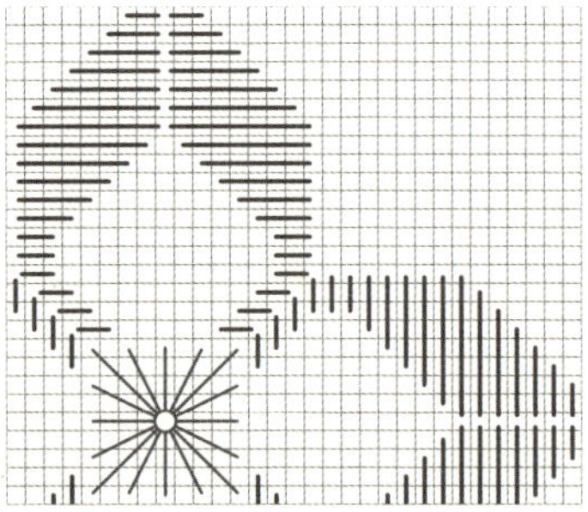

자수 순서

※CS=DMC 코르도네 스페셜
① ✛ 시침질(재봉실)→P.55
② ||||| 새틴 st.(12번실)→P.55
③ ❖ 새틴 st.(8번실)→P.55
④ ∥ 더블 웨이빙 st.(12번실)→P.56, 72
⑤ ✳ 아일릿 st.(CS)→P.57
⑥ ⌐ 자르기(안쪽)→P.57
⑦ ✳ 루프·피코(CS)→P.67
⑧ ⌐ 자르기(바깥쪽)→P.57, 60
⑨ ✕✕✕ +⌐ 우븐 바 + 루프(CS)→P58(루프는 p.67【루프·피코】참조)
⑩ ⌐⌐ 몰티즈 크로스 st.(CS)→P.64
⑪ ✕✕✕ 우븐 바 + 피코(CS)→P.58, 59
⑫ ▦ 레이스 휘감치기(CS)→P.60
⑬ 가장자리 자르기, 완성→P.59

No.13

P(hoto) > p.25

클로스(대)

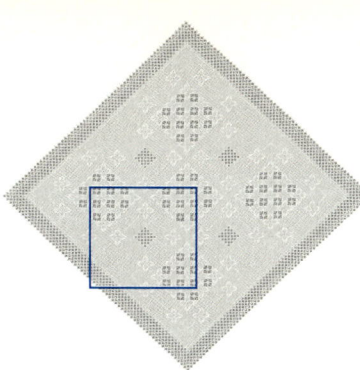

재료

자수천…덴마크 리넨(13올／1cm) [원사] 90×90cm ※바이어스로 사용

자수실…DMC 8·12번 자수실 [흰색／Blanc]×각 2타래

DMC 100번 코르도네 스페셜 [흰색／Blanc]×1타래

완성 사이즈　74×71.5cm(1변 약 52cm)

※천에 따라 마름모꼴로 완성되기도 한다

※자수 순서, 끝의 도안은 No.12와 공통

No.14

P_{hoto} > p.26-27

커프 브레이슬릿

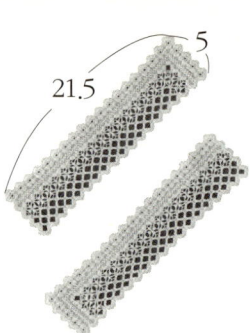

21.5

5

재료(1세트)

자수천…DMC 리넨 28ct(11올/1cm) [흰색/B5200] 30×30cm ※바이어스로 사용
자수실…DMC 8·12번 자수실 [흰색/Blanc]×각 1타래
기타…너비 0.7cm 리본 [물색] 30cm×2줄

완성 사이즈   각 21.5×5cm

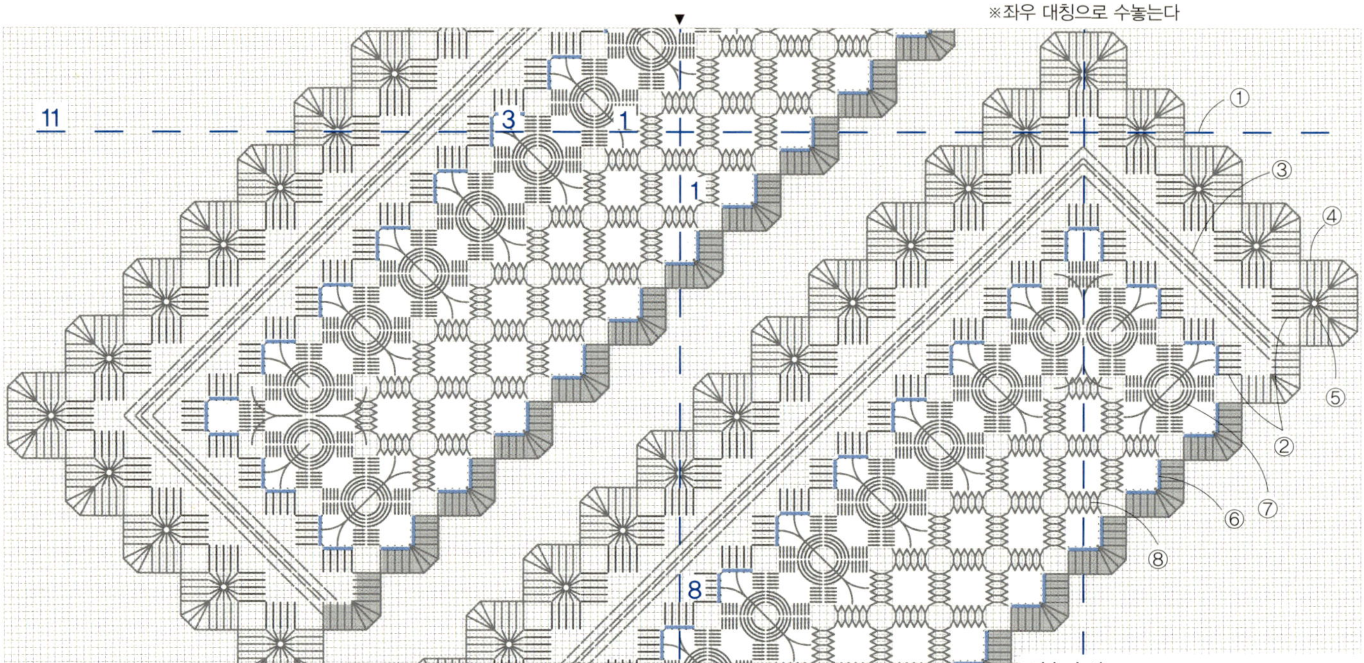

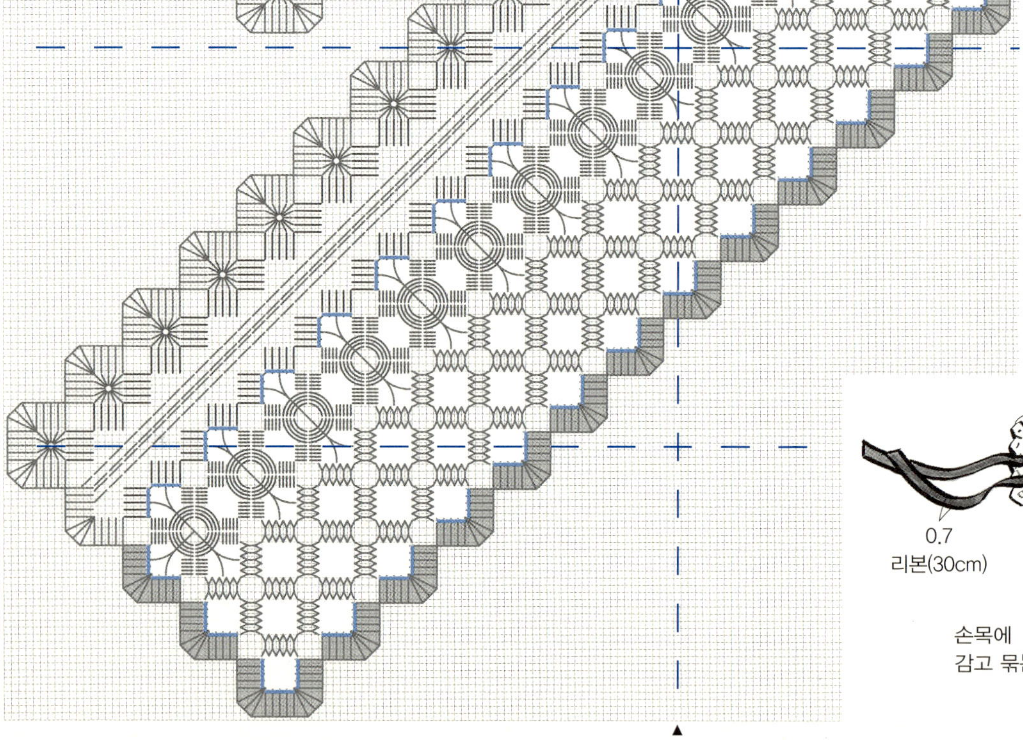

※좌우 대칭으로 수놓는다

11

③
①

①
③
④

⑤
②
⑥ ⑦
⑧

8

자수 순서

- ① ✛ 시침질(재봉실)→P.55
- ② ≣ 새틴 st.(8번실)→P.55
- ③ ∥ 더블 웨이빙 st.(8번실)→P.56, 72
- ④ ≣ 블랭킷 st.(8번실)→P.56
- ⑤ ❋ 아일릿 st.(12번실)→P.57
- ⑥ └ 자르기→P.57
- ⑦ ❋ 몰티즈·루프(12번실)→P.65
- ⑧ ◇◇◇◇ 우븐 바(12번실)→P.58
- ⑨ 가장자리 자르기, 완성→P.59

※자르기 전에 중간 농도로 물에 희석한
본드를 ▨의 새틴 st. 뒤쪽에 발라서
보강해놓는다

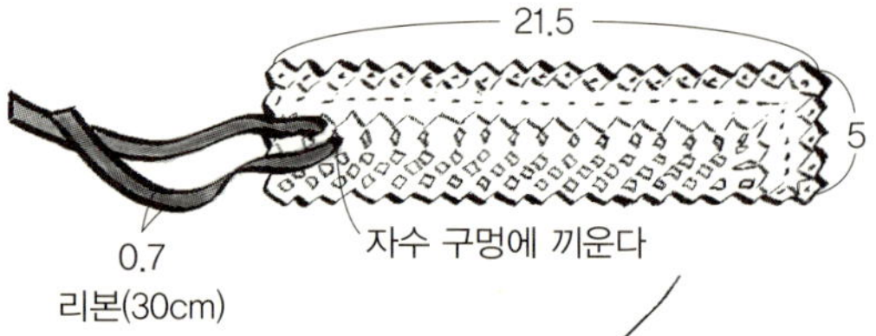

21.5

5

0.7
리본(30cm)

자수 구멍에 끼운다

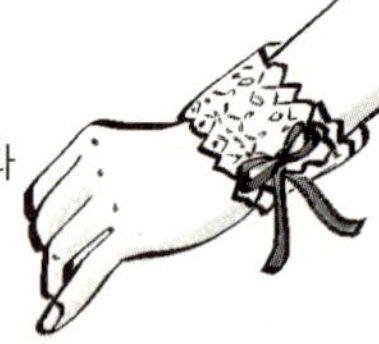

손목에
감고 묶는다

No.19

P_{hoto} > p.32-33

티 매트

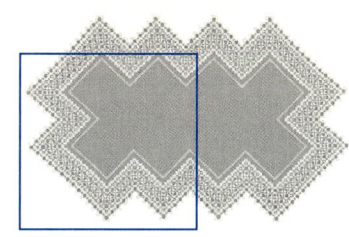

재료
자수천…리넨 28ct(11올／1cm) [녹색] 35×50cm
자수실…DMC 8·12번 자수실 [원사／Ecru]×각 1타래

완성 사이즈   26.5×41cm

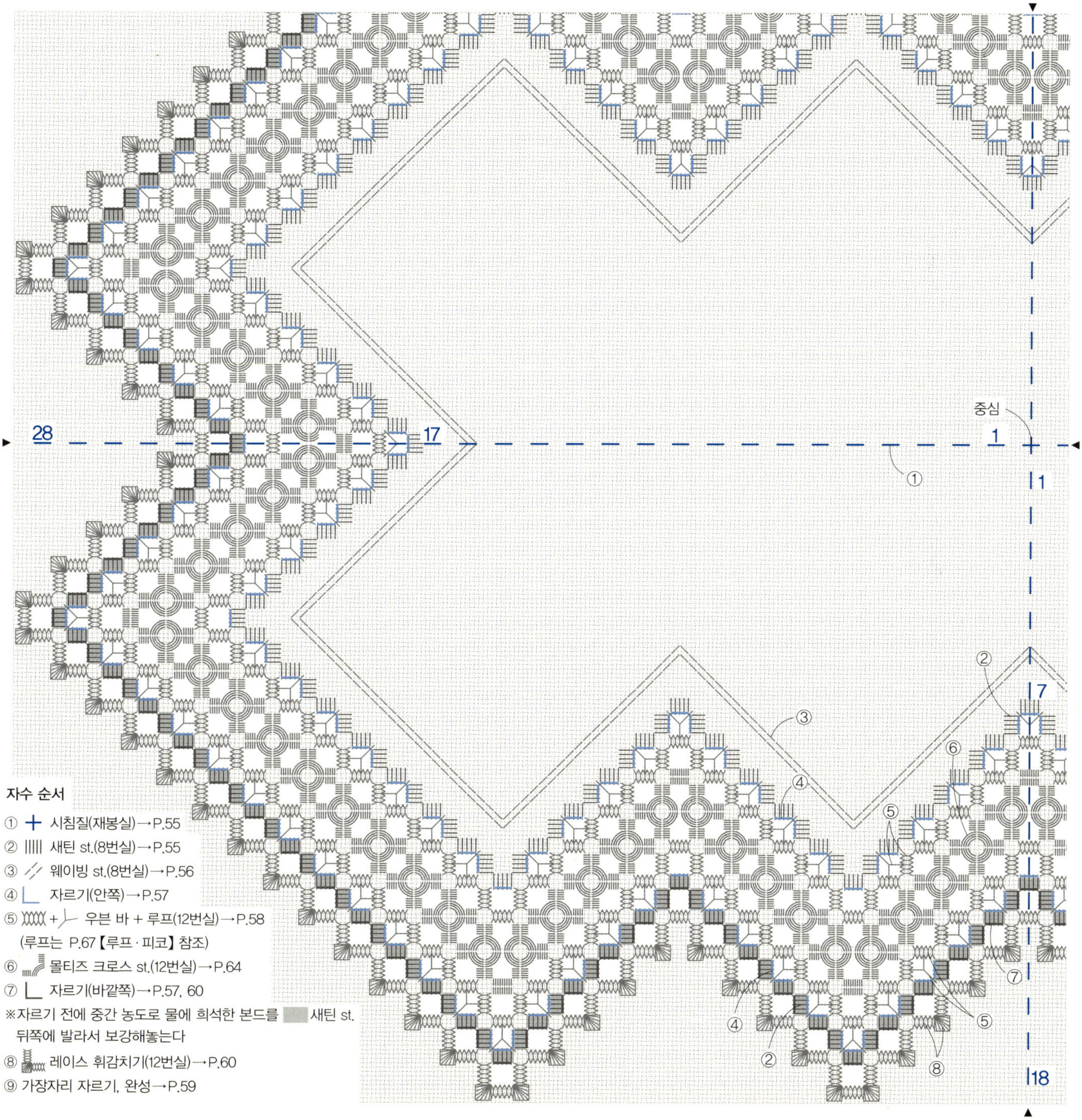

28 ━ ━ ━ 17

중심

1

1

7

자수 순서
① ✛ 시침질(재봉실)→P.55
② ▥ 새틴 st.(8번실)→P.55
③ ╱╱ 웨이빙 st.(8번실)→P.56
④ ∟ 자르기(안쪽)→P.57
⑤ ✕✕✕✕ +∟ 우븐 바 + 루프(12번실)→P.58
  (루프는 P.67 【루프·피코】 참조)
⑥ ▬ 몰티즈 크로스 st.(12번실)→P.64
⑦ ∟ 자르기(바깥쪽)→P.57, 60
※자르기 전에 중간 농도로 물에 희석한 본드를 ▨ 새틴 st.
  뒤쪽에 발라서 보강해놓는다
⑧ ▦ 레이스 휘감치기(12번실)→P.60
⑨ 가장자리 자르기, 완성→P.59

18

No.18

P_photo > p.32-33

티 코지

재료

자수천…리넨 28ct(11올／1cm) [녹색] 25×38cm 2장

자수실…DMC 8·12번 자수실 [원사／Ecru]×각 1타래

기타…리넨 [녹색] 50×35cm 2장, [원사] (바이어스) 60×15cm

　　　접착 퀼팅 솜 50×35cm

완성 사이즈　20.5×30cm

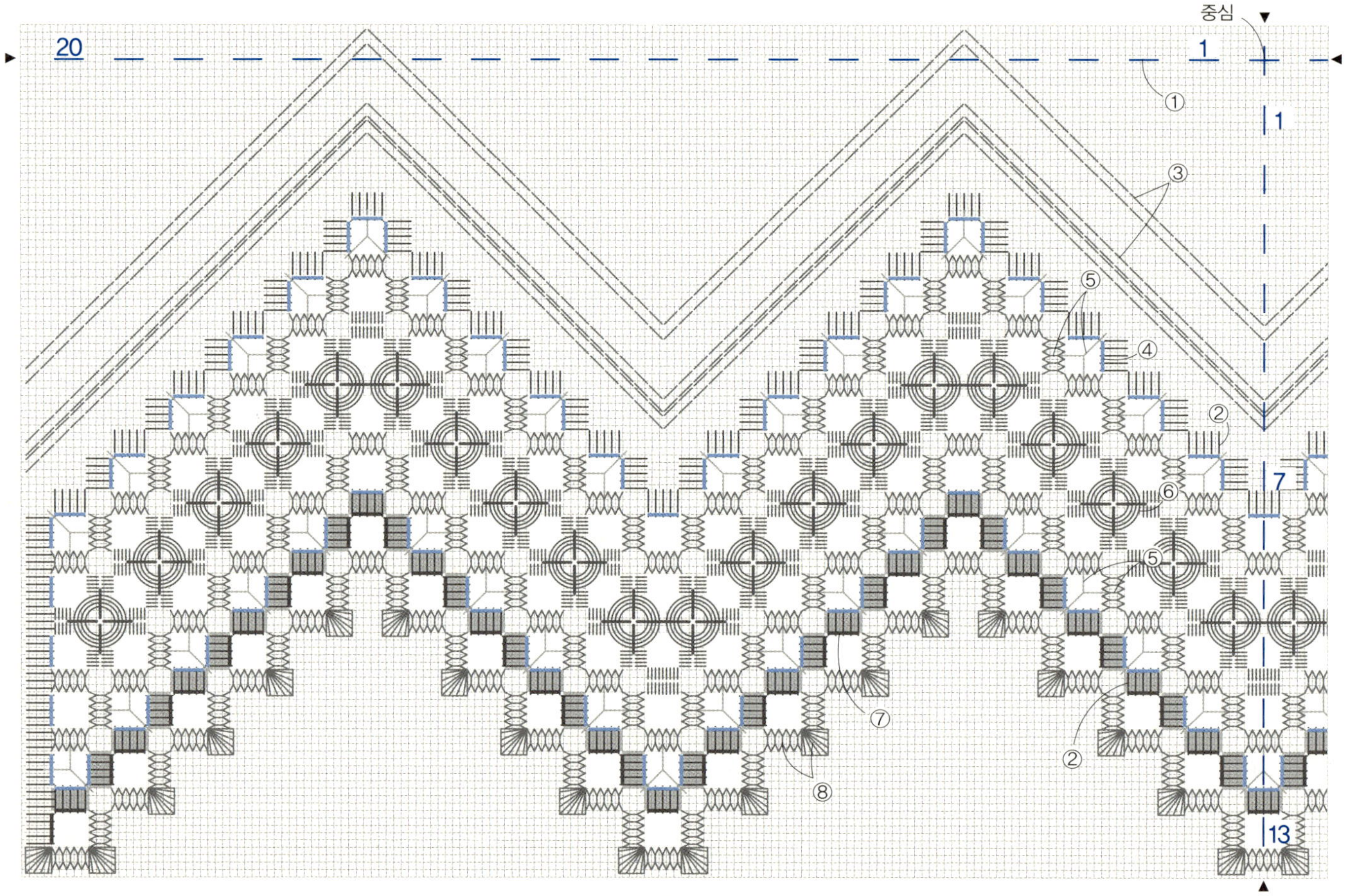

자수 순서

① ＋ 시침질(재봉실)→P.55

② ||||| 새틴 st.(8번실)→P.55

③ ∥∥ 웨이빙 st., 더블 웨이빙 st.(8번실)→P.56, 72

④ ⌐ 자르기(안쪽)→P.57

⑤ XXXX ＋ 丄 우븐 바 ＋ 루프(12번실)→P.58

　　(루프는 P.67【루프·피코】참조)

⑥ ▦ ＋ ┼ 몰티즈 크로스 st. ＋ 불리온 st.(12번실)→P.64(불리온 st.는 P.68【다닝·불리온】참조)

⑦ ⌐ 자르기(바깥쪽)→P.57, 60

※자르기 전에 중간 농도로 물에 희석한 본드를 ▦ 의 새틴 st. 뒤쪽에 발라서 보강해놓는다

⑧ ▥ 레이스 휘감치기(12번실)→P.60

⑨ 가장자리 자르기, 완성→P.59

No.18의 만드는 법

만드는 법
① 태브를 만든다.
② 리넨에 수를 놓고 자른다. 접착 퀼팅 솜을 붙인 바탕천에 겹치고 시침질한다.
　2장 만들고, 그중 1장 위에 파이핑과 태브를 임시로 고정한다.
③ ② 2장을 겉끼리 맞대서 창구멍을 남기고 주위를 꿰맨다.
④ 겉으로 뒤집고 창구멍을 막은 다음, 열린 입구 쪽에 숨은상침을 한다.

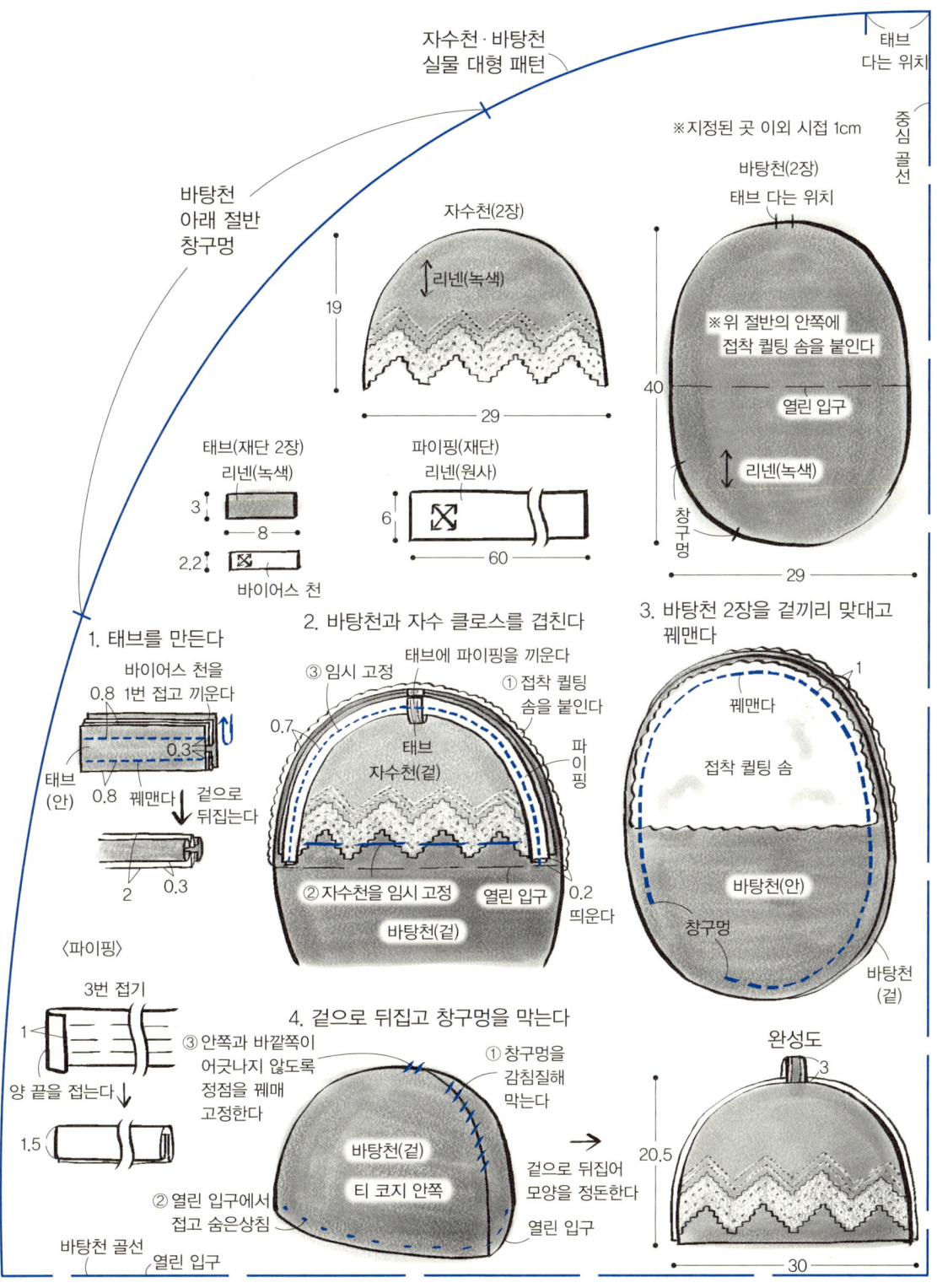

자수천·바탕천
실물 대형 패턴

태브
다는 위치

중심
골선

※지정된 곳 이외 시접 1cm

바탕천(2장)
태브 다는 위치

자수천(2장)

리넨(녹색)

19

29

바탕천
아래 절반
창구멍

※위 절반의 안쪽에
접착 퀼팅 솜을 붙인다

40

열린 입구

리넨(녹색)

창구멍

29

태브(재단 2장)
리넨(녹색)

파이핑(재단)
리넨(원사)

3

8

2.2

바이어스 천

6

60

1. 태브를 만든다

바이어스 천을
0.8 1번 접고 끼운다

0.3

태브
(안)

0.8 꿰맨다

겉으로
뒤집는다

2 0.3

〈파이핑〉

3번 접기

1

양 끝을 접는다

1.5

2. 바탕천과 자수 클로스를 겹친다

태브에 파이핑을 끼운다

③ 임시 고정

① 접착 퀼팅
솜을 붙인다

0.7

태브

자수천(겉)

② 자수천을 임시 고정

열린 입구

바탕천(겉)

파이핑

0.2
띄운다

3. 바탕천 2장을 겉끼리 맞대고 꿰맨다

1

꿰맨다

접착 퀼팅 솜

바탕천(안)

창구멍

바탕천
(겉)

4. 겉으로 뒤집고 창구멍을 막는다

③ 안쪽과 바깥쪽이
어긋나지 않도록
정점을 꿰매
고정한다

① 창구멍을
감침질해
막는다

바탕천(겉)

티 코지 안쪽

② 열린 입구에서
접고 숨은상침

바탕천 골선

열린 입구

겉으로 뒤집어
모양을 정돈한다

열린 입구

완성도

3

20.5

30

No.20

Photo > p.34

프레임(대)

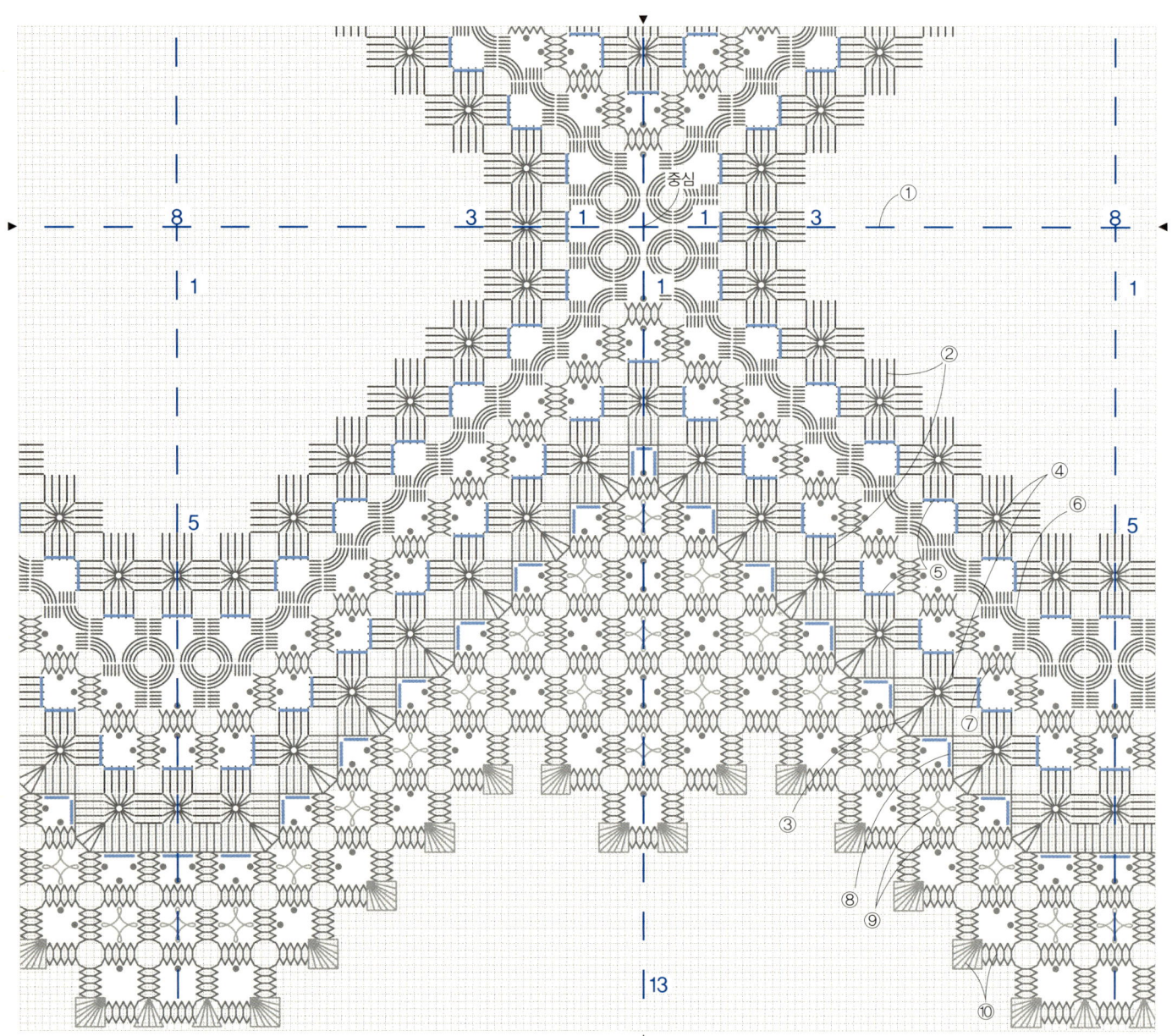

재료

자수천…DMC 리넨 28ct(11올／1cm) [흰색/ B5200] 30×70cm

자수실…DMC 8번 자수실 [흰색／B5200]×1타래

　　　　DMC 12번 자수실 [흰색／B5200]×2타래

기타…안치수 19.5×54.5cm 프레임 [그레이] 1개, 지름 8cm 장식 접시×4장

완성 사이즈　　19.5×54cm

자수 순서

① ✚ 시침질(재봉실)→P.55
② ☰ 새틴 st.(8번실)→P.55
③ ☰ 블랭킷 st.(8번실)→P.56
④ ✳ 아일릿 st.(12번실)→P.57
⑤ └ 자르기(안쪽)→P.57
⑥ ▦ 몰티즈 크로스 st.(12번실)→P.64
⑦ ▨ 우븐 바 + 피코(12번실)→P.58, 59
⑧ └ 자르기(바깥쪽)→P.57, 60
⑨ ▨ + ✧ 우븐 바 + 루프 + 피코(12번실)→P.58, 59
⑩ ▨ 레이스 휘감치기(12번실)→P.60
⑪ 가장자리 자르기, 완성→P.59

No.21

P_{hoto} > p.34

프레임(소)

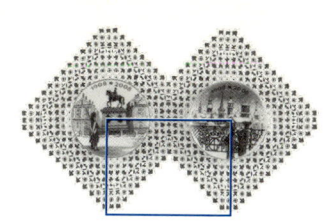

재료
자수천…DMC 리넨 28ct(11올／1cm) [흰색／B5200] 30×45cm
자수실…DMC 8·12번 자수실 [흰색／B5200]×각 1타래
기타…안치수 19.5×32cm 프레임 [그레이] 1개, 지름 8cm 장식 접시×2장

완성 사이즈   19.5×32cm

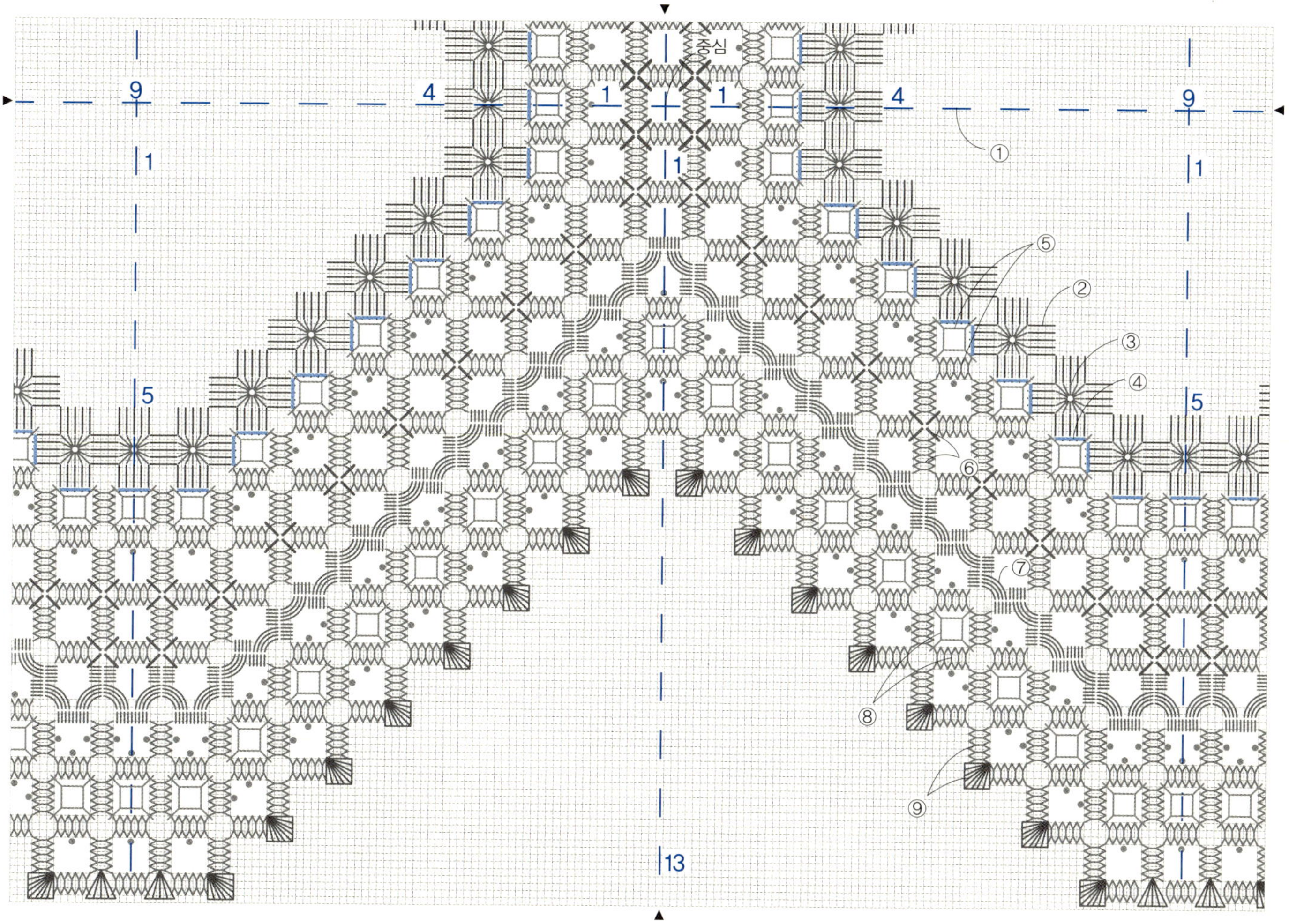

자수 순서

① ✚ 시침질(재봉실)→P.55
② ⅠⅠⅠⅠⅠ 새틴 st.(8번실)→P.55
③ ✳ 아일릿 st.(12번실)→P.57
④ └ 자르기→P.57, 60
⑤ ⬭⬭⬭ +◻ 우븐 바 + 피코 + 스퀘어 루프(12번실)→P.58, 59, 66
⑥ ⬭⬭⬭ +✕ 우븐 바 + 불리온 st.(12번실)→P.58, 72
⑦ 몰티즈 크로스 st.(12번실)→P.64
⑧ ⬭⬭⬭ +◻ (⑤와 같다)
⑨ 레이스 휘감치기(12번실)→P.60
⑩ 가장자리 자르기, 완성→P.59

No.20, 21의 만드는 법

만드는 법
① 리넨에 수를 놓는다.
② 매트에 ①을 붙인다.
③ 접시 굽에 와이어를 끼워 매트에 꽂고 뒤에서 고정한다.
④ 접시 굽에 본드를 바르고 고정한다.

No.20 프레임(대)

54.5
19.5
23.5
접시
59

No.21 프레임(소)

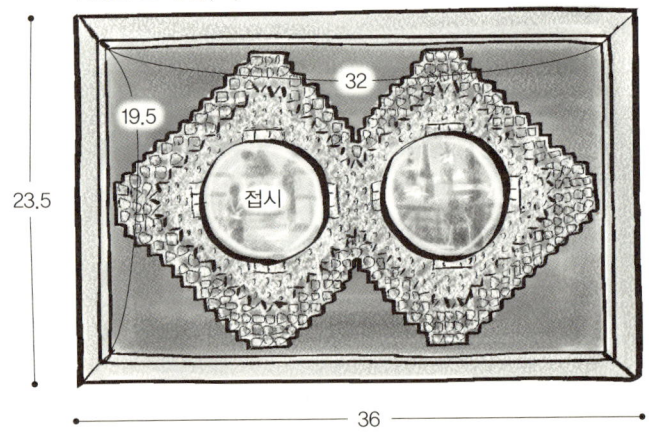

32
19.5
23.5
접시
36

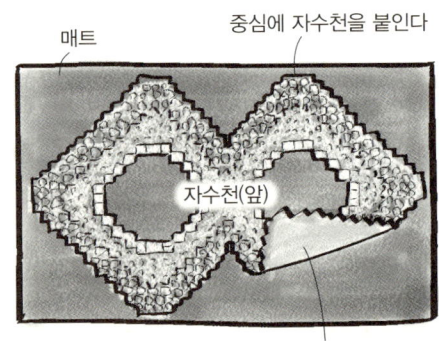

매트
중심에 자수천을 붙인다
자수천(앞)

앞에서 보이지 않는 곳에 몇 군데
작게 자른 양면테이프를 붙인다

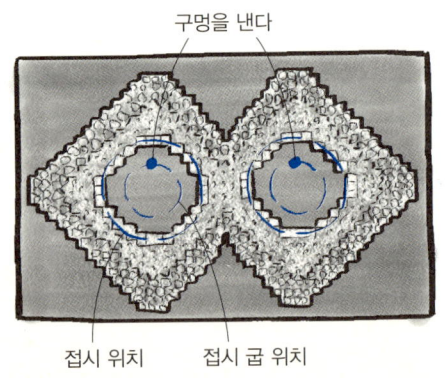

구멍을 낸다

접시 위치   접시 굽 위치

접시 굽의 구멍에
와이어를 끼운다

와이어

접시 뒤쪽

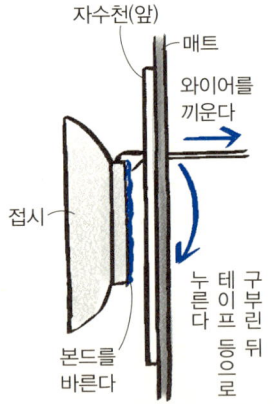

자수천(앞)
매트

와이어를
끼운다

접시

본드를
바른다

누른다 테이프 등으로 구부린 뒤

접시를 붙이고 고정한다

접시(앞)

No.25

P~photo~ > p.38-39

소잉 박스

재료(뚜껑)
자수천…리넨 25ct(10올／1cm) [원사] 25×20cm
자수실…DMC 8·12번 자수실 [흰색／Blanc]×각 1타래
기타…코튼 [오렌지] 20×20cm, 퀼팅 솜 15×30cm
　　　포장지 13×10cm, 지름 0.3cm 비즈×1개, 너비 0.2cm 가죽끈 13cm×2줄
　　　시판하는 소잉 박스의 뚜껑 1개

완성 사이즈　11×14cm

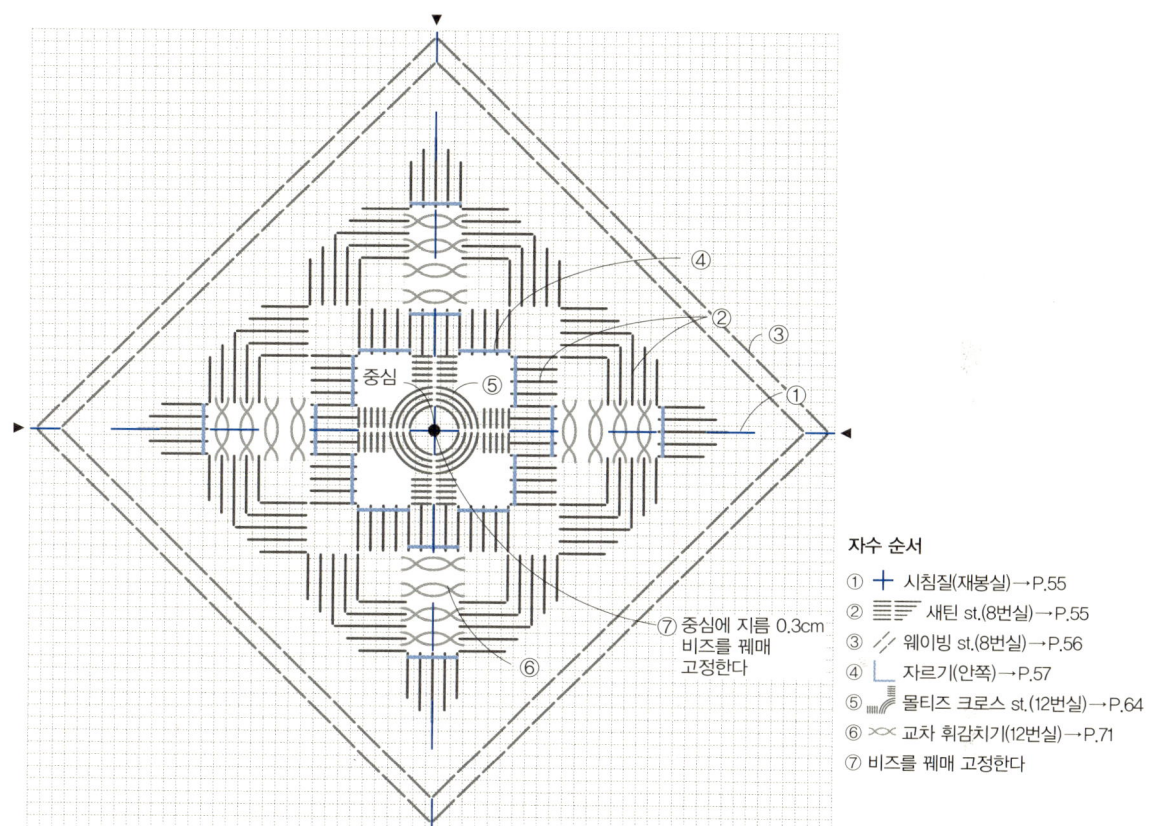

자수 순서
① ✛ 시침질(재봉실)→P.55
② ▤ 새틴 st.(8번실)→P.55
③ ⫽ 웨이빙 st.(8번실)→P.56
④ ⌐ 자르기(안쪽)→P.57
⑤ ▥ 몰티즈 크로스 st.(12번실)→P.64
⑥ ⋈ 교차 휘감치기(12번실)→P.71
⑦ 비즈를 꿰매 고정한다

⑦ 중심에 지름 0.3cm
비즈를 꿰매
고정한다

중심
⑤
⑥
④
②
③
①

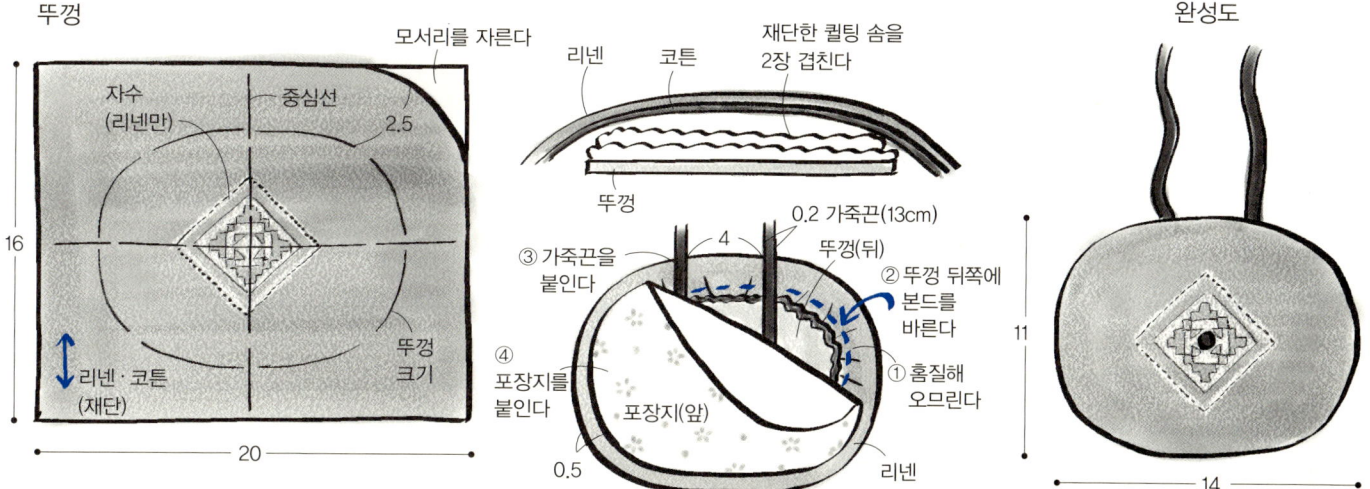

뚜껑

완성도

모서리를 자른다
자수
(리넨만)
중심선
2.5
16
리넨·코튼
(재단)
뚜껑
크기
20

리넨　코튼
재단한 퀼팅 솜을
2장 겹친다
뚜껑

0.2 가죽끈(13cm)
4
뚜껑(뒤)
③ 가죽끈을
붙인다
② 뚜껑 뒤쪽에
본드를
바른다
④ 포장지를
붙인다
포장지(앞)
① 홈질해
오므린다
0.5
리넨

11
14

No.26

소잉 세트

재료
자수천…리넨 25ct(10올／1cm) [원사] 45×30cm
자수실…DMC 8·12번 자수실 [흰색／Blanc]×각 1타래
기타…코튼 [오렌지] 15×15cm, 펠트 [갈색] 10×20cm
　　　　너비 0.6cm 그로그랭 리본 55cm, 지름 0.3cm 비즈×3개, 충전 솜 적당량

완성 사이즈　10.5×10.5cm

핀 쿠션

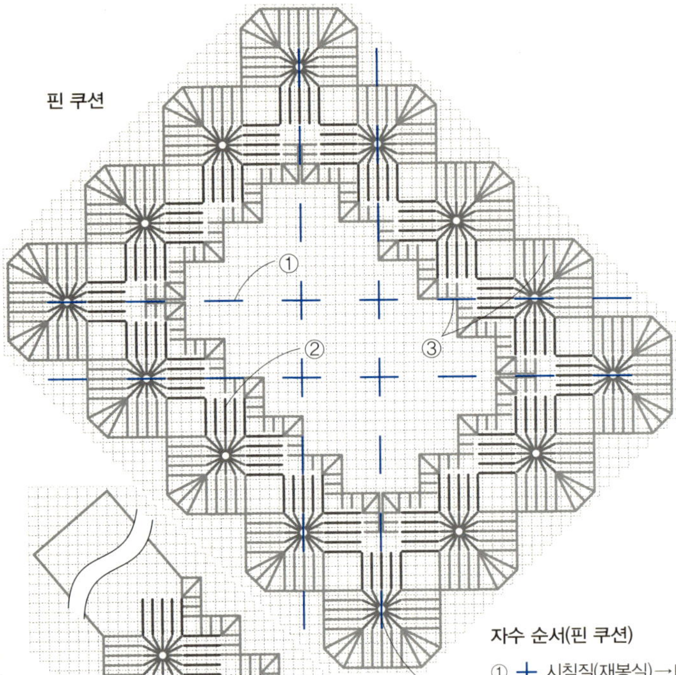

포켓

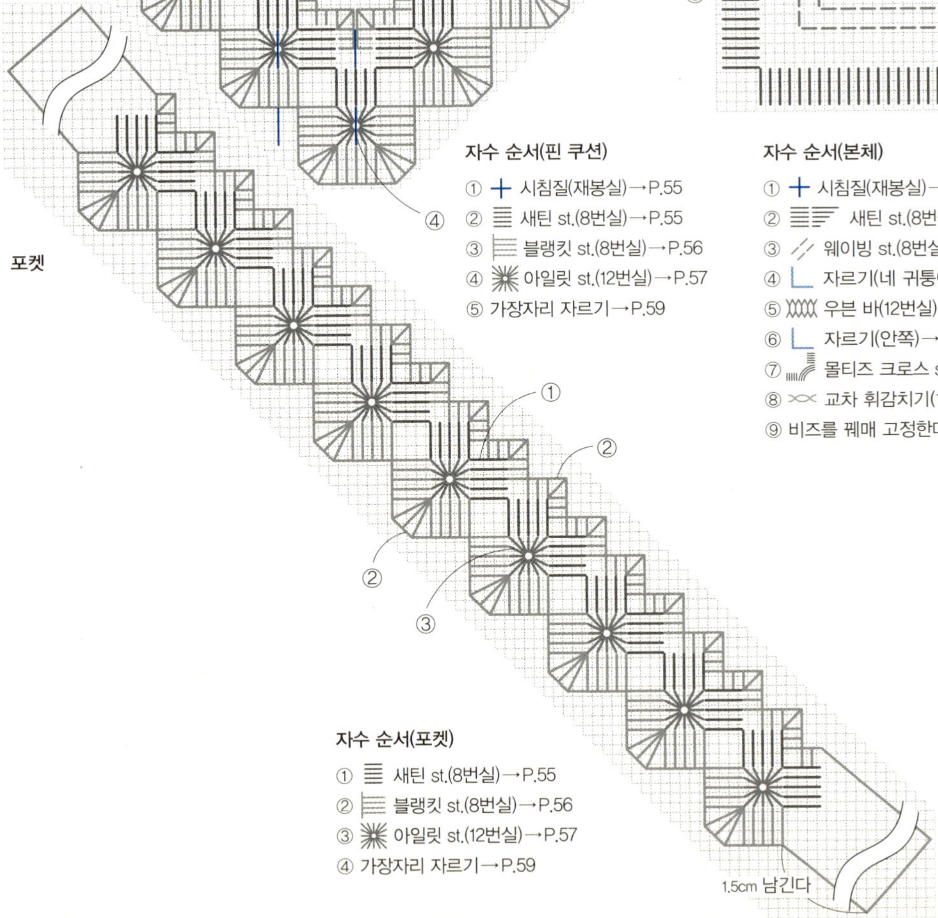

본체※중앙의 무늬는 No.25와 같다(P.91 참조)

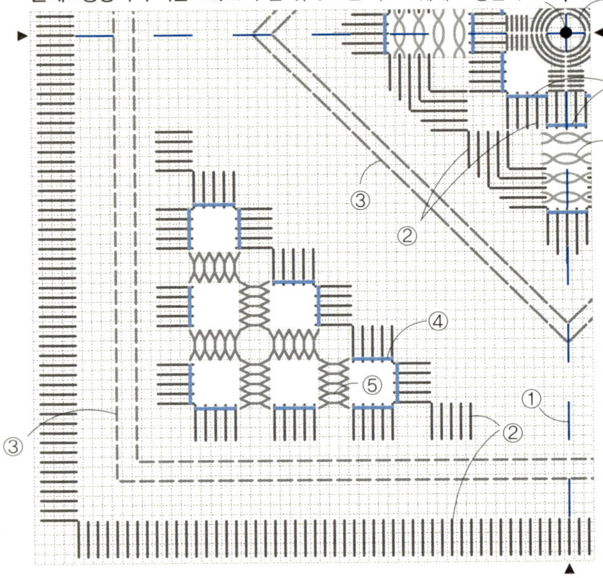

⑨ 중심에 지름 0.3cm 비즈를
꿰매 고정한다

1.5cm 남긴다

자수 순서(핀 쿠션)
① ✛ 시침질(재봉실)→P.55
② ☰ 새틴 st.(8번실)→P.55
③ ☰ 블랭킷 st.(8번실)→P.56
④ ✳ 아일릿 st.(12번실)→P.57
⑤ 가장자리 자르기→P.59

자수 순서(포켓)
① ☰ 새틴 st.(8번실)→P.55
② ☰ 블랭킷 st.(8번실)→P.56
③ ✳ 아일릿 st.(12번실)→P.57
④ 가장자리 자르기→P.59

자수 순서(본체)
① ✛ 시침질(재봉실)→P.55
② ☰ 새틴 st.(8번실)→P.55
③ ⁄⁄ 웨이빙 st.(8번실)→P.56
④ ∟ 자르기(네 귀퉁이)→P.57
⑤ ⋈⋈ 우븐 바(12번실)→P.58
⑥ ∟ 자르기(안쪽)→P.57
⑦ ▥ 몰티즈 크로스 st.(12번실)→P.64
⑧ ✕ 교차 휘감치기(12번실)→P.71
⑨ 비즈를 꿰매 고정한다

직선의 웨이빙 st.

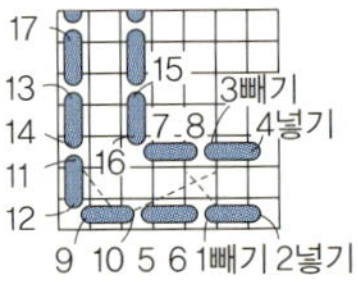

```
17
13        15      3빼기
14        7,8     4넣기
11        16
12
   9 10 5 6 1빼기 2넣기
```
※13～는 천을 90° 회전한다

시저스 키퍼

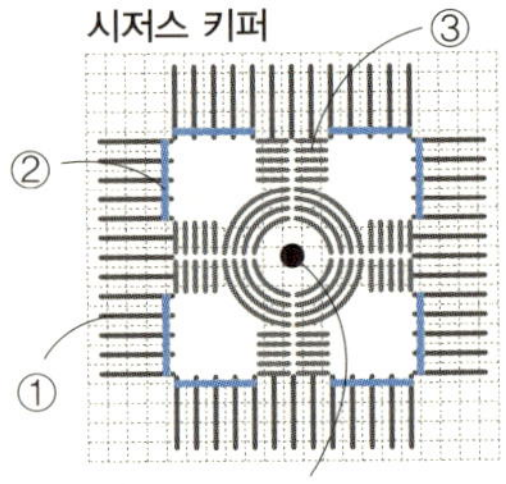

④ 중심에 지름 0.3cm
비즈를 꿰매 고정한다

자수 순서(시저스 키퍼)
① ☰ 새틴 st.(8번실)→P.55
② ∟ 자르기→P.57
③ ▥ 몰티즈 크로스 st.(12번실)→P.64
④ 비즈를 꿰매 고정한다

No.26의 만드는 법

만드는 법
① 리넨에 수를 놓고 본체, 포켓 장식, 핀 쿠션, 시서스 키퍼의 겉감을 만든다.
② 본체와 시저스 키퍼의 뒤쪽에 코튼을 겹치고 비즈를 꿰매 고정한다.
③ 본체의 시접을 안으로 접어서 펠트를 감침질하고, 가로 중심에 리본을 꿰매 고정한다.
④ 핀 쿠션에 솜을 넣고 꿰매 고정한다.
⑤ 포켓을 만들고, 본체 안쪽에 감침질한다.
⑥ 시저스 키퍼를 만들고, 가위에 연결한다.

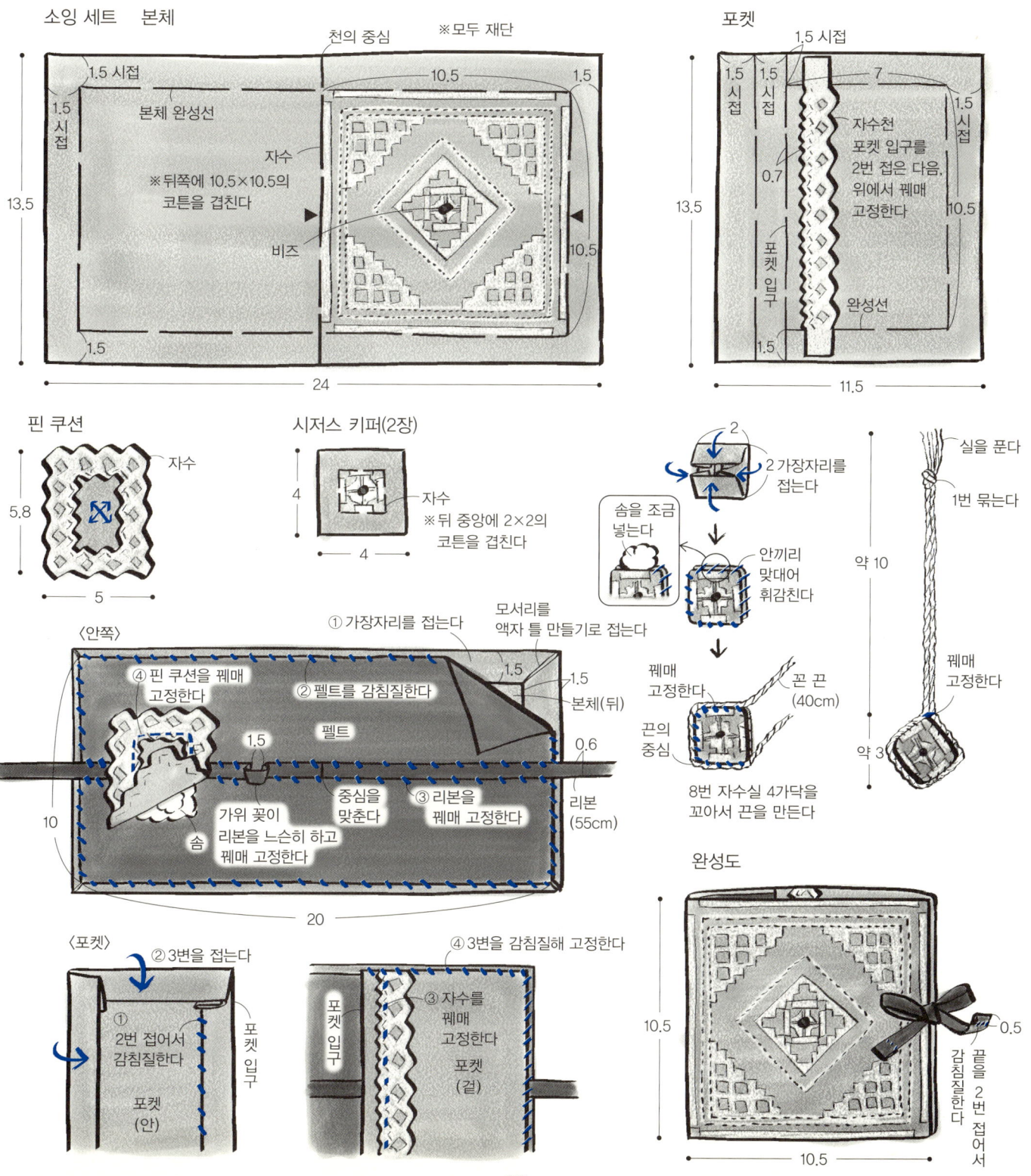

소잉 세트 본체

천의 중심
※모두 재단
1.5 시접
1.5 시접
본체 완성선
10.5
1.5
자수
※뒤쪽에 10.5×10.5의 코튼을 겹친다
비즈
13.5
10.5
1.5
24

포켓
1.5 시접
1.5 시접
1.5 시접
7
1.5 시접
자수천 포켓 입구를 2번 접은 다음, 위에서 꿰매 고정한다
0.7
13.5
10.5
포켓 입구
완성선
1.5
11.5

핀 쿠션
자수
5.8
5

시저스 키퍼(2장)
4
자수
※뒤 중앙에 2×2의 코튼을 겹친다
4

2
2 가장자리를 접는다
솜을 조금 넣는다
안끼리 맞대어 휘감친다
꿰매 고정한다
끈의 중심
꼰 끈 (40cm)
8번 자수실 4가닥을 꼬아서 끈을 만든다

실을 푼다
1번 묶는다
약 10
약 3
꿰매 고정한다

〈안쪽〉
① 가장자리를 접는다
모서리를 액자 틀 만들기로 접는다
1.5
1.5
본체(뒤)
④ 핀 쿠션을 꿰매 고정한다
② 펠트를 감침질한다
펠트
1.5
중심을 맞춘다
③ 리본을 꿰매 고정한다
0.6
리본 (55cm)
가위 꽂이
솜
리본을 느슨히 하고 꿰매 고정한다
10
20

〈포켓〉
② 3번을 접는다
①
2번 접어서 감침질한다
포켓 (안)
포켓 입구

④ 3번을 감침질해 고정한다
③ 자수를 꿰매 고정한다
포켓 입구
포켓 (겉)

완성도
10.5
10.5
0.5
끝을 2번 접어서 감침질한다

No.22

P_{hoto} > p.35

링 필로

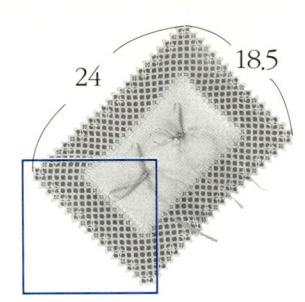

24   18.5

재료
자수천···DMC 리넨 28ct(11올／1cm) [흰색/ B5200] 35×35cm   ※바이어스로 사용
자수실···DMC 8·12번 자수실 [흰색／Blanc]×각 1타래
기타···리넨 [흰색] 15×20cm, 새틴 [흰색] 30×20cm
        너비 0.4cm 리본 45cm×2줄, 충전 솜 적당량
        펄 비즈 [흰색] 지름 0.4cm×6개, 지름 0.3cm×38개, 지름 0.2cm×48개

완성 사이즈   18.5×24cm

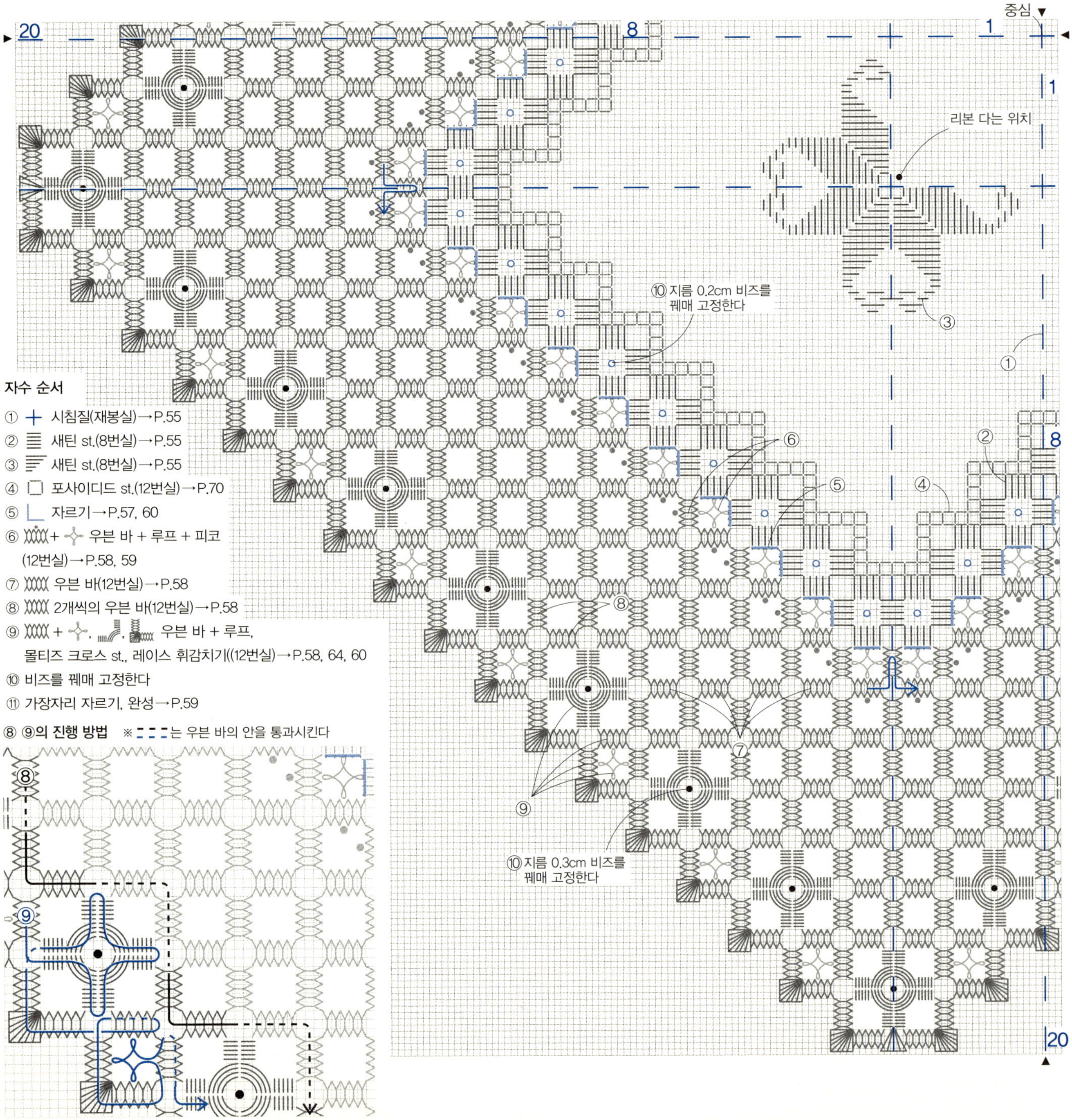

20   8   중심 ▼   1

리본 다는 위치

⑩ 지름 0.2cm 비즈를
   꿰매 고정한다

③

①

⑥

②

⑤

④

8

자수 순서

① ┼ 시침질(재봉실)→P.55
② ≣ 새틴 st.(8번실)→P.55
③ ≡ 새틴 st.(8번실)→P.55
④ □ 포사이디드 st.(12번실)→P.70
⑤ ∟ 자르기→P.57, 60
⑥)()()(+ ✧ 우븐 바 + 루프 + 피코
   (12번실)→P.58, 59
⑦)()()(우븐 바(12번실)→P.58
⑧)()()(2개씩의 우븐 바(12번실)→P.58
⑨)()()(+ ✧·, ▥·, ▤ 우븐 바 + 루프,
   몰티즈 크로스 st., 레이스 휘감치기((12번실)→P.58, 64, 60
⑩ 비즈를 꿰매 고정한다
⑪ 가장자리 자르기, 완성→P.59

⑨

⑦

⑩ 지름 0.3cm 비즈를
   꿰매 고정한다

⑧ ⑨의 진행 방법   ※═══는 우븐 바의 안을 통과시킨다

⑧

⑨

20

No.22의 만드는 법

만드는 법
① 리넨에 수를 놓고 비즈를 꿰매 고정한다.
② 새틴으로 속주머니를 만들고, 솜을 얇게 채운다.
③ ①과 뒤쪽을 안끼리 맞대고, 속주머니를 넣어 가장자리를 감침질한다.
④ 그림처럼 리본을 꿰매 고정하고, 오목하게 만든다.

링 필로   앞쪽

※모두 재단

비즈를 기호대로 꿰매 고정한다

0.4

18.5

9

15

24

속주머니를
만든다

겉끼리 맞댄다

(안)

창구멍
5

(겉)

꿰맨다

겉으로
뒤집는다

(겉)

감침질

솜을 얇게 넣고,
창구멍을 감침질해
막는다

앞쪽(안)

속주머니를 넣는다

뒤쪽(겉)

감침질

뒤쪽(속주머니 새틴 같은 치수 2장)

1 시접

15

1 시접

11

9

리넨

접는 선

17

완성도

18.5

24

V자로 자른다

뒤쪽까지
바늘을 꽂고
리본을 꿰매
고정한다

오목하게 만들고
매듭을 짓는다

리본 다는 위치

0.4

리본
(45cm)

Hardanger Shishuu (NV70312)
Copyright ⓒ Futaba Misono / NIHON VOGUE-SHA 2016
Photographer: Noriaki Moriya
First published in Japan in 2016 by Nihon Vogue Co., Ltd.
Korean translation rights arranged with Nihon Vogue Co., Ltd.
through Shinwon Agency Co.
Korean translation rights ⓒ 2016 by Iaso Publishing Co.

실을 뽑아 휘감치는
하덴거 자수

초판 1쇄 발행 2017년 2월 25일

지은이 미소노 후타바
옮긴이 황선영
펴낸이 명혜정
펴낸곳 도서출판 이아소
디자인 황경성

등록번호 제311-2004-00014호
등록일자 2004년 4월 22일
주소 04002 서울시 마포구 월드컵북로5나길 18 1012호
전화 (02)337-0446 **팩스** (02)337-0402

책값은 뒤표지에 있습니다.
ISBN 979-11-87113-10-2 13590

도서출판 이아소는 독자 여러분의 의견을 소중하게 생각합니다.
E-mail: iasobook@gmail.com

이 도서의 국립중앙도서관 출판예정도서목록(CIP)은 서지정보유통지원시스템 홈페이지
(seoji.nl.go.kr)와 국가자료공동목록시스템(nl.go.kr/kolisnet)에서
이용하실 수 있습니다. (CIP제어번호 : CIP2017002619)